왜 교사 리더십인가

Why

| 김병찬 저 |

학지사

저자 서문

❝ 단 한 명의 학생도 낙오되지 않도록 하기 위해서는
모든 교사가 예외 없이 리더십을 갖추고 있어야 한다. ❞

저는 1991년 서울시내 중학교 교사로 교직을 시작했습니다. 대학으로 옮기기까지 10년 동안 중학교 교사로 근무하면서 학생들과 함께했던 많은 일이 기억에 남아 있습니다. 가장 깊이 남아 있는 교사에 대한 인상은 늘 바쁘고 분주하다는 것입니다. 저뿐만 아니라 주변의 교사들도 큰 차이가 없어 보였습니다. 수업 외에도 교사가 처리해야 할 일들이 지속적으로 주어졌고, 상급기관으로부터 내려오는 지시나 지침, 공문이 끊이지 않았습니다. 정신을 차리고 무엇인가 해 볼 여건이 되지 않았고, 그저 주어진 일을 해내는 데 급급했던 것 같습니다. 뭔가 의미 있는 교육, 제대로 된 교육을 할 여력도, 역량도, 시간도 없었던 것입니다. 그 와중에도 제가 맡은 아이들만큼은 경쟁에서 뒤처져서는 안 된다는 마음에 아이들을 닦달하고 성적을 높이기 위해 많은 애를 썼던 기억이 납니다.

우리나라에서 공부를 잘하는 학생들은 대체로 소위 말하는 명문대에 진학합니다. 그리고 이들이 나중에 우리나라를 이끌어 가는

지도층이 되기도 합니다. 그런데 일부 정치가나 지도층이 보여 주는 모습은 상당히 실망스럽습니다. 각종 부적절한 처신이나 비리는 물론이고, 이들이 국가나 사회 공동체의 이익보다 자신의 이익을 위해 그 지위와 능력을 사용하는 것이 아닌가 하는 의구심이 들 때가 많습니다. 하지만 우리가 인정해야 할 것은 이들이 곧 우리 교육의 결과라는 것입니다. 교사들이 공부를 잘하라고 다그치고 닦달한 결과 공부를 잘하게 된 학생들이 성공하여 보여 준 모습인 것입니다. 이런 모습은 우리 교육이 비록 남에게 이기는 법은 가르쳐 주었지만 남과 함께 더불어 살아가는 법을 가르치는 데 소홀했던 결과가 아닌가 생각됩니다. 안타깝게도 이 교육 체제에서 성공한 사람들 중에는 남을 이길 줄은 알아도 남과 더불어 살아가는 것은 모르는 사람들이 참 많은 것 같습니다.

진정으로 남을 배려하며 더불어 살아갈 수 있는 성품이나 역량은 하루아침에 길러지는 것이 아닙니다. 또 그것들을 기르는 특별한 비법이 있는 것도 아닙니다. 지속적인 교육을 통해, 그리고 일상적인 삶 속에서 부딪히며 기를 수밖에 없습니다. 이런 성품은 가정에서, 학교에서, 사회에서, 삶 속에서 오랜 기간을 거쳐 길러지는 것입니다.

국가에서 학교라는 제도를 만들어 운영하는 것은 국가나 사회의 유지, 발전을 위해 국민을 교육시킬 필요가 있기 때문입니다. 따라서 교육을 통해 길러진 사람들은 국가와 사회의 발전을 위한 경쟁력도 갖춰야 하지만 이 사회를 더 나은 공동체로 만들기 위한 역량도 함께 갖춰야 합니다. 하지만 우리나라에서는 가난에서 벗어나야 한

제1장

왜 교사리더십이 필요한가

1. 교육 패러다임의 변화

1) 구성주의 패러다임 시대의 도래

과거에는 교사리더십이란 개념을 사용하지 않았고 교사가 리더십을 갖추어야 한다는 이야기도 거의 하지 않았다(Murphy, 2005; Sergiovanni, 2001a). 그런데 왜 갑자기 교사리더십이란 말이 등장하고, 교사들이 리더십을 갖추어야 한다는 주장들이 생겨난 것일까?

그 이유 중의 하나는 교육 패러다임이 변화하였기 때문이다. 우선 교육관이 과거의 객관주의 교육관에서 구성주의 교육관으로 변화하였다(강인애, 1997; Acemoglu & Robinson, 2012). 객관주의 교육관은 기본적으로 절대적 진리와 지식을 인정하고, 이 절대적 진리와 지식을 학생들에게 전달하는 것을 교육으로 보는 관점이다(Brooks & Brooks, 1993). 이 관점에서는 최대한 많은 지식을 최대한 많은 학생에게 전달하는 것이 교사의 주요 역할이었다. 그리고 절대적인 진리와 지식을 체계적으로 정리해 놓은 것이 교과서였고, 교과서대로 가르치는 것이 교사의 임무였다. 이러한 객관주의 교육관 시대에는 교과서에서 벗어나서 가르치거나 교과서에 없는 것을 가르치는 것은 금기시되기도 했다(이종국, 2013).

이러한 객관주의 관점의 교육에서 교사는 이미 정해져 내려온 지식을 가르치면 되었기 때문에 지식의 전달자가 주된 교사상이었다(Wasley, 1991). 그리고 교육의 결과에 대한 평가 역시 학생들이 얼마나 많은 지식을 습득했느냐에 초점이 맞추어져 있었다. 그렇기 때문에 보다 많은 지식을 전달하기 위하여 교사의 수업방식 역시 강의식·주입식·암기식 수업이 주를 이루었다. 이와 같이 객관주의 진리관 시대에 교사의 주요 역할은 지식의 전달자였기 때문에 굳이 리더십을 요구하지 않았던 것이다(Katzenmeyer & Moller, 2009).

하지만 새로운 시대의 구성주의 교육관에서는 교사가 학생들에게 일방적으로 지식을 전달하는 것이 아니라 학생들이 스스로 지식을 구성하도록 돕고, 지원하는 것을 교사의 주요 역할로 본다(Hargreaves, 2008). 그리고 구성주의 관점에서는 절대적인 지식은 존재하지 않는다고 여기며, 각 학습자가 본인의 상황과 맥락에 맞게 구성한 것을 지식이나 진리로 여긴다(Fosnot, 1996a). 즉, 구성주의 관점은 상대주의 진리관을 기반으로 하는 것이다(Lambert, 1995). 구성주의 교육관에서 교사는 절대적 진리와 지식을 학생들에게 주입시키는 것이 아니라, 학생들이 각자의 상황과 맥락에 맞게 지식을 구성하도록 안내하고 지원하고 돕는 것이 주요 역할이기 때문에 이 역할을 담당하기 위해서 바로 리더십이 필요하다(Lieberman &

인의 권리를 존중하며 더불어 함께 살아가는 국가 체제이다(강상진 외, 1999). 그런데 남과 함께 살아간다는 것은 결코 쉬운 일이 아니다. 때로는 자신의 것을 양보해야 하고, 때로는 자신의 것을 희생해야 하며, 자신의 욕망과 욕심을 자제해야 할 때도 있다. 모든 국민이 자유를 누린다고 해서 내가 하고 싶은 대로 다 하면서 살 수 있는 것이 아니라 다른 사람을 존중하고 배려하며 함께 사는 것이 민주주의 국가에서의 삶이라는 것을 배워야 한다. 그런데 이러한 존중과 배려는 결코 저절로 터득되는 것이 아니라 교육을 통해 길러지는 것이며, 이 교육의 역할을 교사가 맡고 있는 것이다.

물론 교육은 단지 교사만의 책임은 아니며, 가정과 사회, 국가가 모두 함께 감당해야 할 몫이다. 하지만 안타깝게도 가정이나 사회의 교육적 역할은 현대 사회로 올수록 점점 약해지고 있다 (Danielson, 2006; Hargreaves & Fullan, 2008; Murphy, 2005). 예를 들어 핵가족화, 편부모가정, 이혼가정 등이 늘어나고 있을 뿐만 아니라 부모의 맞벌이가 증가하면서 가정에서의 교육적 기능이 점점 약해지고 있다(김영길 외, 2011). 이로 인해 전통적으로 가정에서 맡았던 교육적 기능이 가정 밖의 기관으로 떠넘겨지고 있다(류태호, 2017; Fullan, 2005). 여기에 더하여 사회 또한 물질만능주의, 각종 유·무형의 폭력, 빈부격차의 심화 등 역기능적 측면으로 인해 교육의 장으로서 한계에 직면해 있다(김종영, 2015; Murphy, 2005). 이러한 상황에서 거의 유일하게 기댈 곳이 바로 학교이며 교사이다 (Levinson, 2011; Sergiovanni, 1994b). 학교와 교사도 문제가 없는 것은 아니지만 그나마 교육 기능을 유지하고 있는 대표적인 기관이다.

좀 더 확대해석하면 앞으로 민주주의 국가를 이루고 더 발전하느냐의 여부는 교사에게 달려있다고 해도 과언이 아니다(Levinson, 2011). 학교 교육을 통해 민주주의 국가의 시민역량을 기르기 위해서는 교사 역시 민주주의 국가의 시민역량을 갖추고 있어야 하고, 학교는 그러한 시민역량 함양의 장이 되어야 한다. 이를 위해 학교 및 교사들에게서 비민주적인 요소를 제거하고, 학교의 권위주의적·위계적·획일적 문화를 개선해야 한다(Hargreaves & Fullan, 2012). 우리나라의 경우 무엇보다도 시급한 일은 학교가 입시 위주, 성적 위주의 교육과 문화에서 벗어나는 것이다(강상진 외, 1999). 현재의 학교는 마치 '쓰나미'처럼 입시 위주, 성적 위주 교육에 압도되어 있어 그 어떤 민주시민교육도 제대로 할 수 없는 지경에 빠져 있다(권재원, 2016; 박진환 외, 2013). 건전하고 바람직한 민주시민을 길러 내는 것이 아니라, 오로지 성적 좋은 아이만 길러 내고 선별해 내는 것이 목적인 것처럼 학교가 운영되고 있다(김종영, 2015). 학생들이 공부를 잘하여 경쟁에서 이길 수 있도록 가르치고, 안내하는 것도 물론 중요하다. 하지만 거기에 그쳐서는 안 되며 우리 학생들로 하여금 건전한 민주시민으로 살아갈 역량을 함께 길러 주어야 한다.

이와 같이 교사는 국가의 미래가 달린 교육을 맡고 있으며, 한 아이의 인생을 좌우할 막중한 역할을 맡고 있고, 국가·사회의 유지 및 발전과 민주사회를 이룰 중추적인 역할을 맡고 있다. 그런데 이러한 역할은 교사가 해야 할 본래적 역할이다. 교사가 이러한 중심적인 역할, 본래적인 역할을 감당하기 위해서는 주체의식과 책임의

가하는 것이 아니고 교사로서 해야 할 일을 다했느냐를 묻는 것이다. 교사로서 역할을 다했느냐 못했느냐의 기준은 그 교사의 내면에 있다. 그리하여 책임에 대한 평가도 스스로 한다. 즉, 스스로 자신의 역할에 대해 최선을 다했는지를 점검하며 과업을 완수하려고 하는 것이 책임이다.

2) 교사의 책임

교사에게 있어서 "당신의 교육활동에 대해 책임을 지시오."라는 말은 매우 엄중한 말이다. 이 말은 당신이 교육활동을 위해 최선을 다했는지, 당신이 해야 할 기본적인 임무를 다했는지를 스스로 묻고 평가한 다음에 만약 부족한 것이 있으면 그것을 끝까지 완수하라는 의미이다. 다시 말해, 맡은 일을 제대로 완수해 내는 것이 책임이다. 책임은 적당히 타협하는 것을 용납하지 않는다. 해야 할 본분을 끝까지 최선을 다해야 한다(Fullan, 2005). 반면, 책무성을 강조하면 교사는 자신이 가지고 있는 모든 역량을 다 발휘하여 교육활동을 수행하려고 하기보다는 외부기준에 맞춰 주는 정도에서 과업을 수행하려 한다(Hargreaves, 2008). 이러한 책무성 중심 교육정책이 강화되면서 교사들은 외부기준에 맞춰지고 길들여지는 자신의 모습을 보면서 자괴감을 느끼기도 한다(김상일, 김병찬, 2013). 이렇게 되면 교사는 온 마음과 정성을 다해 교육에 임하려고 하기보다는 적당히 타협을 하게 되는데(김경윤, 구소현, 이은숙, 이충란, 2012), 이는 교사 자신은 물론이고 국가적으로도 큰 손실이다.

그런데 관리하는 측면에서 보면 책무성 기제가 책임 기제보다 훨씬 더 관리가 수월하다. 국가가 교사들에게 '책무성'을 요구하고 강조하는 것은 진정으로 교육목표 달성을 위해서라기보다는 국가 입장(정권담당자, 관료 등의 입장)에서 보다 수월하게 교사를 관리하고 통제하기 위한 전략일 수 있다(김병찬 외, 2015; Levinson, 2011). 즉, 국가가 정해 놓은 기준에 교사들이 어느 정도 도달했는지를 평가를 통해 끊임없이 보여 주는 것은 국가 작용의 그럴듯한 형식적인 정당화 기제가 될 수 있기 때문이다(Fuhrman & Elmore, 2004).

교사들에게 '책임'을 요구하는 것이 '책무성'을 요구하는 것보다 훨씬 더 교육적인 접근이다. 책무성은 외부에서 요구하는 기준 정도만 해 주면 아무 문제가 없다. 국가에 의해 요구되고 있는 대표적인 책무성 기제인 교사평가에서 최고 등급인 S등급[2]만 받으면 아무런 문제가 없기 때문에 S등급을 받은 이상 대부분의 교사는 공적인 부담감을 느끼지 않는다(김상일, 김병찬, 2013). 비록 자신의 학급 아이들에게 또는 자신의 교육활동에 문제가 있더라도 S등급을 받은 이상 크게 문제의식을 느끼지 않는다. 그리고 제도적으로도 최고 등급인 S등급을 받은 교사에 대해서는 그 어떤 것도 문제 삼지 않는다.

하지만 '책임'을 묻는 것은 다르다. 책임을 묻는 것은 앞에서 이야기한 대로 '교사로서 해야 할 기본 역할과 임무를 다했는지'를 묻는 것이다. 그리고 그 기본 역할과 임무를 다 못했다면 끝까지 다해야 한다는 의무감이 책임이다. 교사는 학생교육에 대해 '책무성'을 보여 주는 자리가 아니라 '책임'을 져야 하는 자리이다. 교사는 아이들

---

2) 현재 우리나라 각급 학교에서 시행되고 있는 '교사평가'는 S등급, A등급, B등급 세 단계로 평가하고 있으며, S등급이 가장 높은 등급이다.

에게 해 주어야 할 것들을 최선을 다해 끝까지 다해 주어야 한다. 중단해서도 안 되며 포기해서도 안 된다. 중단하거나 포기하는 것은 책임을 다하지 않는 것이다. 교사로서 최선을 다해 노력했고, 아이들을 사랑했으며, 헌신과 열정을 다해 아이들을 가르쳤는지가 책임의 기준이다. 교사로서의 긍지와 보람은 이러한 책임을 다했을 때 주어지는 선물이다.

3) 교직의 의미

따라서 교직은 결코 쉬운 길이 아니며 아무나 할 수 있는 일도 아니다. 교사가 되고자 하는 사람이라면 누구든지 우선적으로 맡은 아이들을 끝까지 책임지겠다는 결연한 마음 자세, 책임의식을 가지고 있어야 한다. 능력이나 역량은 그 다음의 문제이다. 교사로서 책임을 지겠다는 것, 포기하지 않고 끝까지 해내겠다는 것은 결코 쉬운 일이 아니다. 이 길에는 수많은 갈등, 상처, 고통, 번민, 아픔 등이 뒤따를 수 있다. 고통과 아픔, 상처가 있더라도 포기하지 않고 끝까지 아이와 함께하겠다는 의지가 책임의식이다.

그래서 교직은 단순한 직업 중의 하나가 아니며 아무나 선택해도 되는 직업이 아니다. 더군다나 공부 잘 한다고 선택할 수 있는 직업은 더더욱 아니다. 아무리 공부를 잘 하는 사람도 교육을, 학생을 책임지겠다는 결연한 의지와 자세가 없다면 교직을 선택해서는 안 된다. 정년이 보장되고 안정적이며 비교적 시간적 여유가 있는 직업이어서 교직을 선택한다는 것은 너무도 위험한 생각이다. 엄청난 경쟁을 뚫고 교직에 들어온 우수한 사람들이기에 정년보장과 시간적 여유를 제공해 주는 것이 아니다. 고통스럽고 힘들어도 아이를 포기하지 않고 끝까지 붙들고 가르치라는 막중한 책임에 대한 보상과 배려가 정년보장과 시간적 여유이다. 교직의 안정성과 시간적 여유를 누릴 자격이 있는 교사는 아이들에 대해 책임을 다하는 교사이다.

때로는 '아이들이 좋아서', '가르치는 일에 소질이 있어서' 교사가 되려는 사람들도 있다. 또 실제로 이런 사람들이 많이 교사가 되고 있다. 이들은 이런 마음도 없이 교사가 되려고 하는 사람들보다 훨씬 더 훌륭한 교사가 될 가능성이 높다. 그러나 이것만 가지고는 안 된다. 그 순수한 마음은 교직에 들어서는 순간부터 파괴되기 시작한다. 분주한 업무 속에서 아이들과 싸우고 부딪히면서 순수한 마음은 사라지고 '전쟁' 같은 일상에 직면해서는 "내가 언제 그런 마음을 가졌던가?"라고 자조하기도 한다(김병찬, 임종헌, 2017). '아이들을 좋아하는 마음', '가르치는 것을 좋아하는 마음'은 당연히 필요하다. 하지만 그 이상의 것이 있어야 한다. 교사에게는 아이들을 가르치는 것이 고통스럽고 힘들어도 포기하지 않고 교사로서 해야 할 바, 책임을 다하겠다는 결연한 의지와 자세가 필요하다. 그리고 이러한 책임의식의 발휘가 교사리더십 발휘 과정이다.

4. 힘든 교직 현실 극복

대체로 대다수 교사는 묵묵히 맡은 일에 충실하며 성실하게 교육활동을 수행하고 있다. 그리고 이들은 목소리도 크게 내지 않는다. 교장이 이끌면 이끄는 대로 따르며, 앞장서는 교사들이 함께 하자고 하면 따르고, 교육청에서 지침이 내려오면 그에 맞추어 일을 해낸다. 수업도 크게 드러나지 않게, 그렇다고 부족하지도 않게 해내고 있다. 대부분의 교사는 이런 모습이다(권재원, 2016; 김경윤 외, 2012; 김병찬, 임종헌, 2017; 김병찬, 김상일, 2013; 박진환 외, 2013). Hargreaves와 Fullan(2012)의 교사 성향 구분에 의하면 뭔가 열심히 해 보려고 앞서가는 교사가 20%, 무엇을 해도 부정적이며 따라가려고 하지 않는 교사가 20%, 앞장서서 무언가 하려고 하지는 않지만 그렇다고 게으르지도 않은 중간층의 교사가 60% 정도라고 한다. 물론 미국의 사례이기 때문에 동일하지는 않겠지만 우리나라 교사에 대해서도 시사하는 바가 있다고 할 수 있다.

앞장서서 뭔가를 해 보려고 하지는 않지만 그렇다고 소극적이지도 않은 다수의 평범한 교사의 마음은 어떤 것일까? 이들의 마음은 평온할까? 그렇지가 않은 것 같다. 우리나라 최대의 교육단체인 한국교원단체총연합회(2016)와 전국교직원노동조합(2017a, 2017c) 및 여러 연구(김지현, 나승일, 2018; 김찬호 외, 2018; 박경미, 2018; 정병영, 이재용, 2018)에서 발표한 자료에 의하면 우리나라 교사는 대부분 지쳐 있고, 피곤한 상태에 있다. 그리고 교직을 떠나고 싶은 마음도 다른 나라 교사에 비해 더 큰 편이다(OECD, 2014). 그런데도 떠나지 못하고 있는 상황이다. 우리나라 교사는 왜 이렇게 지쳐 있고 힘들어할까?

1) 다루기 힘든 아이들

교사들이 지치고 힘든 가장 큰 이유 중의 하나는 학생들 때문이다. 교사의 입장에서 평범한 학생들도 다루기가 결코 쉽지 않은데, 다루기 힘든 다양한 특성을 가진 학생들, 즉 독특한 성격을 가진 학생, 정서장애가 있는 학생, 폭력적인 학생 등 그야말로 학생의 수만큼이나 다양한 학생을 만나고 부딪쳐야 한다. 또한 다양한 학생만큼이나 다양한 학부모도 만나야 한다. 그리고 일단 한 학급을 맡은 이상 아무리 지치고 힘들어도 그 반 아이들 및 학부모들과 1년 동안 함께 가야 한다. 우리나라 학교에서 학령인구 감소로 인해 아래 표와 같이 학급당 학생 수는 점점 줄고 있지만 교사가 감당해야 할 과업의 양과 부담은 결코 줄지 않고 오히려 더 늘어나고 있다(권재원, 2017; 엄기호, 2014; 정광희 외, 2007).

〈표 1-1〉 학급당 학생 수 변화 (단위: 명)

구분	2000년	2005년	2010년	2015년	2017년
유치원	26.3	24.2	21.0	20.0	19.0
초등학교	35.8	31.8	26.6	22.6	22.3
중학교	38.0	35.3	33.8	28.9	26.4
고등학교 (일반고)	44.1	33.9	35.5	31.3	29.3

출처: 한국교육개발원(2018). 교육통계연보.

우리나라 교사들은 대체로 힘든 학생들을 다루기 위해 그냥 있지 않고 다양한 노력을 기울인다. 그중의 하나가 힘든 학생들을 다루기 위해 상담을 배우는 것이다(강진령, 2015; 김순남, 2016). 힘든 전염병의 등장 등 각종 사회적인 문제에 대해 국가가 제대로 대처하지 못하면서 국가에 대한 국민들의 신뢰는 더욱 추락하였다(Whitty, 2002). 국가에 대한 절대적인 신뢰가 깨지면서 국가도 실패할 수 있다는 생각을 갖게 된 것이다(Hargreaves, 2003; Levinson, 2011).

이러한 국가의 실패는 제2차 세계대전을 거치고 현대 사회에 들어오면서 더욱 빈번하게 나타나고 있다. 1997년 한국에서 겪었던 IMF 위기, 미국의 금융위기, 중동을 포함한 세계 각 지역의 분쟁 등 각 나라 국민이 겪는 고통의 원인 중의 하나가 국가의 실패로 분석되고 있다(Acemoglu & Robinson, 2012). 1997년 한국에서는 IMF 위기로 인해 엄청난 사람이 하루아침에 직장을 잃고 많은 사람이 목숨을 잃었으며 많은 가정이 파괴되었다. 그리고 IMF가 끝났음에도 불구하고 그 고통은 아직까지도 남아 있다(박길성, 2008; 윤여봉, 2017). 그런데 한편으로 생각하면 국민은 억울하다. IMF 당시 우리나라 대부분의 국민은 게으르지도 않았고, 사치를 부리거나 방탕하지도 않았으며 검소하게 자기의 맡은 본분을 다해 왔다. 오히려 그 어느 나라의 국민보다 긴 노동 시간에 허리띠를 졸라 매며 열심히 일했다. 그런데 갑자기 일하던 직장에서 쫓겨 나고 실직자가 되었으며 가정이 파괴된 것이다. 도대체 국민이 무엇을 잘못했단 말인가? 국민은 잘못이 없다. 경제를 제대로 이끌지 못한 국가의 책임이다(윤여봉, 2017). 결과적으로 IMF 위기는 국가도 실패할 수 있다는 것을 국민들에게 여실히 보여 주었다.

교육 분야로 눈을 돌려 봐도 국가의 실패를 쉽게 찾아볼 수 있다. 대학입시 때문에 국민이 얼마나 많은 고통을 겪고 있는가? 대학입시 제도나 정책을 만드는 주체는 국가이다. 이 제도는 국가의 이름으로 만들어지고 국가의 이름으로 집행된다. 국민은 국가가 만든 대학입시 제도나 정책에 따라야 한다. 그런데 그 제도나 정책마다 문제가 생기고 국민을 고통스럽게 하고 있다. 대학입시 제도나 정책을 제대로 만들지 못한 것 또한 국가의 책임이고 국가의 실패이다 (이종태, 2018; 이찬승, 2018).

사회가 복잡화, 다양화되고 급변하는 상황에서는 국가도 실패할 수 있고, 오히려 국가의 실패가 일상화될 수 있다는 것을 이제는 받아들여야 한다. 그리고 이러한 상황이기 때문에 국가가 교육을 도맡아 일방적으로 끌고 가려 해서는 안 된다. 같은 맥락에서 교육청의 실패, 교장의 실패 가능성 역시 인정하고 그 토대 위에서 방향을 새롭게 정립해 나가야 한다.

3) 국가의 할 일, 교사의 할 일

국가가 다 할 수 없을 만큼 교육은 복잡해져 버렸고 국가의 실패도 일상화된 것이 오늘날의 모습이다(Levinson, 2011). 그렇다면 '국가는 교육을 위해 무엇을 할 수 있는가?', '국가는 교육에서 손을 떼야 하는가?', 결코 그렇지 않다. 교육에서 국가의 역할이 달라진 것이지, 국가의 역할이 불필요한 것이 아니다(Acemoglu & Robinson, 2012; Scott, 1998). 그러면 국가는 교육을 위해 무엇을 해야 하는가? 국가가 해야 할 가장 중요한 역할은 바로 '국가 교육의 큰 방향과 그림을 그려 주는 일', 즉 '국가 교육의 청사진'을 만들어 주는 일이다. 모든 것을 면밀하게 분석, 예측하면서 우리 교육이 나아가야 할 큰

(Wasley, 1991). 이와 같이 새로운 시대의 교육개혁 및 학교 변화 과정에서 교사리더십이 핵심 요소로 등장하였고(Harris & Muijs, 2005) 일부 국가를 중심으로 교사리더십 이론과 실제가 크게 발전하였다(Katzenmeyer & Moller, 2009; Orland-Barak & Craig, 2015; Smylie, 1995).

하지만 대부분 교사리더십의 필요성에 대해서 강조하면서도 교사리더십의 개념에 대한 논의는 많지 않은 편이다. 일반적으로 '리더십' 개념 자체가 상당히 포괄적이고 다의적이기 때문에 그러한 특성을 반영하여 교사리더십 논의에서도 그 개념을 포괄적으로 보고 세부적인 논의에는 소극적인 것으로 보인다(강명숙, 김정섭, 2014; Suranna & Moss, 2002). 또한 교사리더십에 대해 개념을 정의하되 그 개념의 내포(內包)보다는 외연(外延)[2] 중심으로 정의하는 것이 대부분이었다(김영태, 1999). Katzenmeyer와 Moller(2009: 5-11)는 그들의 기념비적인 저서 『Awakening the sleeping giant』에서 교사리더십을 "교사들이 학급을 넘어서서 교사공동체에서 교육실천 향상을 위하여 영향력을 행사하는 것"으로 규정하였다. 이러한 외연 중심 개념 규정은 초기 단계에서 다른 개념과 구별되는 교사리더십 개념의 특성을 드러내기 위한 전략적 접근일 수 있다(Lieberman & Miller, 2004).

그런데 구체적으로 교사리더십을 개발해 나가는 단계에서는 외연보다는 내포 중심의 개념 정의가 더 필요하다. 즉, 교사리더십을 개

1. 교사리더십 개념의 형성

---

2) '내포'는 어떤 개념의 내적 성질이나 속성을 의미하며 그 사물이나 개념의 필연적인 성질을 가리킨다. 반면 '외연'은 어떤 개념의 밖으로 표현된 실체를 가리키며 주로 그 개념이 적용될 수 있는 범위를 의미한다(네이버사전, 2019. 1. 25. 인출).

발하기 위해서는 교사리더십이 가지는 내적 속성을 정립할 필요가 있는 것이다. 이러한 맥락에서 Katzenmeyer와 Moller(2009) 역시 교사리더십의 내적 속성을 중심으로 한 개념 정립이 필요하다고 주장한 바 있다. 이 장에서는 교사리더십의 속성, 즉 내포 중심의 개념에 초점을 맞추어 교사리더십 개념을 제시하고자 한다.

2. 교사리더십 개념 구성 요소

교사리더십은 교사의 지도자로서의 자질이라고 할 수 있는데 이 자질은 단일 속성이 아니라 복합적 속성이다(Wasley, 1991: 147). 그리고 교사리더십 개념은 아직까지 모호한 점이 있으며 명확하게 정의 내리기가 어렵다(Katzenmeyer & Moller, 2009). 따라서 교사리더십을 다루는 대부분의 논의나 연구에서는 동일한 교사리더십 개념을 사용하기보다는 강조 영역이나 관심 영역에 따라 다양하게 개념을 규정하고 있다(Katzenmeyer & Moller, 2001: 4-5).

Murphy(2005)는 학교개혁 및 학교발전 차원에서 교사리더십 개념을 논의하면서 주로 교사리더십의 목적에 초점을 맞추었으며, Sergiovanni(1994a), Katzenmeyer와 Moller(2001) 등은 학교 재구조화 차원에서 교사리더십을 논의하고 수업, 교사평가 등 교사리더십 발휘 영역을 중심으로 논의를 전개한 바 있다. 한편, Danielson(2006)은 교사의 전문성 향상 차원에서 교사리더십에 접근하여 교사리더십의 목적, 발휘 대상, 발휘 영역, 실천활동 등을 중심으로 교사리더십 개념을 정의하였다. Smylie와 Denny(1990)는 협력하여 교육을 이끌어 나갈 리더십을 발휘할 수 있어야 한다.

이와 같이 교사리더십 발휘의 주요 영역은 수업지도, 생활지도, 학급운영, 동료교원과의 활동, 행정업무, 학부모관계 등이라고 할 수 있다.

3) 교사리더십 속성

그동안 교사리더십 속성에 대해 여러 논의가 이루어져 왔다. 몇 가지 예를 살펴보면, 우선 Katzenmeyer과 Moller(2001)는 교사리더십 속성에 대해 세 가지 측면으로 나누어 접근하고 있다. 첫째는 학생 및 동료교사에 대한 리더십으로, 촉진자, 안내자, 교육과정 개발자, 스터디그룹 인도자 등의 속성, 둘째는 과업 수행 리더십으로, 업무책임자, 실행연구자, 위원회 임원 등의 과업주도 속성, 셋째는 의사결정 과정에서의 리더십으로, 각종 학교위원회, 지역사회나 지역기관, 학부모 등과의 연계 과정에서의 협동적 속성 등으로 구분하였다.

한편, Kouzes와 Posner(2010)는 교사리더십에 관한 여러 연구를 종합하여 교사리더십 속성을 다섯 가지로 구분하였는데, 첫째, 과정에 대한 도전(모험 감수, 도전, 새로운 프로그램 주도, 새로운 아이디어 시도), 둘째, 비전 공유(가능성 공유, 강한 비전의식), 셋째, 타인 배려(거시적으로 보기, 동료와의 팀워크, 학생 격려 및 고무, 좋은 대인관계, 자기통제와 최선, 타인 참여시키기), 넷째, 방법 시범(역할 모범, 훈련과 발전 제시, 풍부한 교수 경험, 좋은 기술, 스스로 적극적인 전략 수립), 다섯째, 적극적 격려(동료 지원, 보호적 태도, 적극적인 설명)를 교사리더십의 속성으로 보았다.

교사리더십 속성에 대한 국내 학자의 논의를 살펴보면, 우선 최정희(2004: 35-52)는 시대적 변화에 따라 교사에게 변환적 리더십이 필요하다고 주장하면서 교사리더십 속성을, 첫째, 비전 제시(비전의 제시, 비전의 공유, 비전 실천의 격려, 지적 자극, 높은 성과 기대, 변화에 대한 도전적인 태도), 둘째, 전문적 능력(수업 지도력, 유머감각, 수업에 대한 반성, 수업에 대한 집중과 내재적 만족, 상황대처능력), 셋째, 전문적 덕목(개인에 대한 배려), 넷째, 권한 부여(학생들의 수업 참여 유도, 수업과 관련된 의사소통과 의사결정의 권한공유)의 네 가지로 구분하여 제시하였다.

정광희 등(2007: 267)의 연구에서는 실제 사례 분석을 통해 헌신적인 교사의 특성을 탐구하면서 '전문적 헌신'을 교사리더십 속성으로 보았는데 이는 Murphy(2005: 14)와 유사한 관점이다. 이 연구에서는 헌신적인 교사의 특성으로, 첫째, 사명감(교육관, 교직관, 아동관, 사랑과 열정 포함), 둘째, 가르치는 교수능력(수업 준비, 내용 재구성, 동기유발 수업, 교과 애정 등 포함), 셋째, 관계능력(학생관계, 교사관계, 조직관계, 학부모관계 등에서 타인 배려, 존중, 희생 등 포함), 넷째, 과제해결능력(높은 성취동기, 책임감, 협력성, 적극성, 추진력, 창의력 등 포함), 다섯째, 자기개발능력(자기성찰, 연구 노력, 연수의지, 탐구력 등 포함)의 다섯 가지를 제시하며 이러한 특성을 교사리더십 속성으로 보았다.

이러한 교사리더십 속성에 대한 다양한 논의를 바탕으로 이 장에서는 교사리더십의 공통된 속성을 목표지향성, 공동체성, 과업주도성, 전문성의 네 가지로 도출하였다. 좀 더 자세한 내용을 살펴보면 다음 표와 같다.

<표 2-3> 교사리더십 속성

학자 \ 속성	목표지향성	과업주도성	공동체성	전문성
Danielson (2006)	목표 성취	주도적 결정 권과 판단력	협력관계	전문성
Murphy (2005)	목적의식, 사명감	변화 촉진	동료와의 관계 형성	문제해결 전문성
Katzenmeyer 와 Moller(2001)		주도적 역할	협동성	전문적 속성
Day와 Harris(2003)	이념 및 목적 추구	참여의식, 주인의식	대외협력, 동료협력	
Suranna와 Moss(2002)	학교 발전에 대한 의지	주체적 참여	교장 및 교사와 협력	전문성 발달, 우수한 교육 운영
Smylie와 Denny(1990)		촉진자, 변화 촉매자	도와주는 자, 정서적 지원자	지식의 보고
Davidson과 Dell(2003)	기획자	혁신자, 위험 감수자, 변화 중계인	도와주는 자, 안내자	
Kouzes와 Posner(2010)	비전 공유	과정에 대한 도전	타인 배려, 적극 격려	방법적 시범
최정희(2004)	비전 제시		전문적 덕목, 권한 부여	전문적 능력
정광희 외 (2007)	사명감		관계능력	교수능력, 과제해결능력, 자기개발과 반성적 능력

(1) 목표지향성

대부분 리더십에 관한 정의를 보면 '목표 달성을 유도하기 위해'(Bass, 1985), 또는 '구성원들의 행위를 변화시키고 조직의 목표를 성취하기 위해'(Brandt, 1992), '방향을 잡고 조정하는 것'(Duke, 1996) 등의 표현을 찾아볼 수 있는데 이는 공통적으로 리더십의 목표지향적 속성을 보여 주고 있다. Lipham(1964)은 리더십을 어떤 집단의 목표나 목적을 달성하기 위해 새로운 구조나 과정을 선도하는 것으로 보았고, Stogdill(1974) 역시 리더십을 '구성원들의 행위를 변화시키고, 조직 목표를 달성하기 위하여 협동하도록 영향을 주는 활동', 그리고 '조직의 목적을 달성하기 위해서 구성원들을 자극하고 동기화시키며, 조정하는 역동적인 힘' 등으로 규정하면서 목표지향성을 리더십의 중심 속성으로 보았다.

교사리더십 역시 교육목표 달성을 위하여 발휘하는 영향력이라고 할 수 있다(Lieberman, 2002). Day와 Harris(2003)는 교사리더십을 '학교 이념이나 교육목표를 각 교실의 실천으로 연계시키는 능력'으로 보았으며, Suranna와 Moss(2002)는 '전통에 대한 극복 및 학교 발전에 대한 확고한 목표의식'을 교사리더십의 중요한 기반으로 보았다. 또한, Terry(1979) 역시 교사리더십을 학교 및 학급 목표를 성취하기 위하여 영향을 미치는 활동으로, Simkins(2005)도 '학교 내에서 사람을 통한 과업 목표 성취'를 교사리더십의 속성으로 정의하였다. 그리고 Davidson과 Dell(2003: 19) 역시 교사의 혁신가(innovators)로서의 역할 및 변화주도자(change agents)로서의 역할을 강조하면서 교사의 분명한 목표의식을 교사리더십의 중요 속성으로 보았다.

앞의 논의를 토대로 교사리더십의 목표지향적 속성을 좀 더 구체적으로 정리하면 다음과 같다.

- 긍정적 사고를 바탕으로 명확한 비전과 목표를 가지고, 이를 이루기 위하여 적극 노력하는 속성
- 비전 및 이를 성취할 수 있는 전략을 개발하는 속성
- 구성원으로 하여금 비전과 전략을 이해하고 실행하도록 도와주는 속성
- 단기 및 중·장기적 목표를 설정하고 관리하는 속성
- 동기를 부여하고 사기를 진작시켜, 구성원으로 하여금 목표를 달성하게 하는 속성
- 목표를 이루기 위해 구성원이 최선을 다하도록 고무하는 속성

결국 교사리더십을 갖춘 교사는 교사로서 무엇을 해야 하는지 그 목표를 분명하게 알고 있는 사람이며, 아울러 그러한 목표와 방향으로 나아가도록 구성원들을 고무시킬 수 있는 사람이다(Kouzes & Posner, 2010). 이와 같이 '교사가 학교에서 목표를 성취하기 위해 구성원들에게 영향을 미치는'(김영태, 1999: 71-72) 목표지향적 속성은 교사리더십의 주요 속성이라고 할 수 있다.

(2) 과업주도성

리더는 조직 내에서 능동적으로 조직을 이끌어 가는 사람으로 (Wasley, 1991) 과업 수행 과정에서 주도적인 역할을 한다. Stogdill (1974)은 리더십을 '복종'을 유도하기 위한 기술로 정의하면서, 불화를 줄이고 협동을 극대화하여 목표를 성취하기 위해서 구성원을 '이끌어 가는' 리더십 역할을 강조하였다. 이러한 맥락에서 Smylie(1995)는 학교 조직 내에서 주도적인 역할을 하고 모범을 보임으로써 구성원들에게 영향력을 미치는 과업주도적 속성을 교사리더십의 핵심 속성으로 보았다. 이와 같이, 조직 내 구성원들을 북돋우고 격려하여 변화를 이끌어 가기 위한 주도적 속성, 즉 과업주도성은 교사리더십의 대표적인 속성 중의 하나이다(Wasley, 1991).

학교에서 교사리더십을 갖춘 교사는 동료교사들의 성장을 자극하며 의사결정 과정을 개선·증진시키고 신임교사들의 적응을 돕는다(Lieberman & Miller, 2004). 또한 새로운 아이디어를 도입하거나 학교 체제의 개선을 선도하여 학교의 교육목표 달성에 주도적인 역할을 한다(Leithwood, 1994). 이와 같이 교사리더는 '학교의 변화와 발전을 위해 주도적으로 참여하며'(Wasley, 1991: 23) 과업 수행에 있어 강한 '주인의식'을 갖는다(Day & Harris, 2003). 교사들은 또한 과업의 원활한 수행과 목표의 성취를 위해 교장 및 학교행정가들과 원만한 협력관계를 유지하기도 한다(Suranna & Moss, 2002). 이 과정에서 교사들은 때로는 위험을 감수하면서도 관계를 유지하며 과업을 이끌어 나가는 과업주도성을 보여 준다(Davidson & Dell,

2003: 19). 이와 같이 과업을 적극적으로 주도해 나가는 것 역시 교사리더십의 한 속성이라고 할 수 있다. 과업주도적 속성을 좀 더 구체적으로 제시하면 다음과 같다.

- 긍정적이며 창의적이고 적극적으로 과업을 이끌어 가는 속성
- 과업에 집중하며 열정적으로 수행해 나가는 속성
- 과업에 대한 책임감을 가지고 적극적으로 수행해 나가는 속성
- 과업 개선을 주도하고 도전적인 시도를 하는 속성
- 과업 수행에 있어 열성적이며 다른 사람에게도 장려하는 속성
- 변화를 두려워하지 않고 도전적이며 모험적인 속성
- 결단력을 가지고 과업을 수행해 나가는 속성

교사리더십을 갖춘 교사들은 이러한 과업주도성 발휘를 통해 학교 및 학급활동의 목표 달성에 의미 있는 영향을 미친다(Lieberman & Miller, 2004). 이와 같이 과업 수행을 자극하고 주도하는 과업주도적 속성은 교사리더십의 중요한 속성이다(Howey, 1988).

(3) 공동체성

리더십은 타인과의 관계 속에서 나타나는 관계적 속성이다(Smylie, 1995). 즉, 리더십은 다른 사람과의 관계, 그리고 집단이나 공동체 속에서 이루어지는 작용이다. 따라서 리더십은 기본적으로 공동체적 속성을 갖는다. 리더십을 규정하는 학자들 역시 리더십의 공동체적

속성을 강조하고 있는데, 우선 Stogdill(1974)은 리더십을 집단 과정의 핵심 요소로 보고, 집단의 변화 및 집단활동에 리더십이 중요한 요인임을 강조하였다. 또한 리더십을 구성원 간의 영향력 관계의 한 형태로서 보고, 집단 내에서의 역할 분담 및 역할 창출, 집단행동의 구조화 과정 등에서 리더십이 중요한 역할을 한다고 보았다.

교사리더십에 대한 여러 정의에서도 공동체적 속성이 드러난다. Katzenmeyer와 Moller(2001: 17)는 교사리더십을 '학급 및 학교공동체 발전을 위해 기여하는 능력'으로 보았고, Day와 Harris(2003)는 '동료교사들과 밀접한 관계를 형성할 수 있는 능력'으로 규정하였다. Smylie와 Denny(1990)는 우선적으로 동료교사들을 돕고 지원하는 교사가 리더십을 가진 교사라고 주장하면서 학교 조직 내에서 '촉진자', '도와주는 사람', '정서적 지원자'로서의 교사 역할을 강조하였다. Harris(2003: 316-318) 역시 리더십을 조직 내에서 구성원 사이의 상호작용 가운데 나타나는 현상으로 보고 리더십을 어느 한 개인의 속성으로만 봐서는 안 된다고 주장하였다.

이러한 논의를 종합하면 교사리더십은 교사가 학교에서 교육목표 달성을 위해 다른 사람과 공동으로 과업을 수행해 나가는 협동역량이라고 할 수 있다. 즉, 교사리더십의 개념 속에는 이러한 공동체적 속성이 내포되어 있는 것이다. 교사리더십의 공동체적 속성을 좀 더 구체적으로 나타내면 다음과 같다.

- 과업을 혼자가 아닌 구성원과 함께 수행하려는 속성
- 구성원의 입장, 의견 등을 존중하고 구성원과 함께 목표를 달성

하고자 하는 속성

- 상호 존중을 바탕으로 한 관계적 속성
- 다른 사람과 교류하는 의사소통적 속성
- 구성원의 다양성을 이해하고 존중하는 속성

이와 같이 교사리더십 개념 속에는 공동체적 속성이 있는데, 이는 교사의 교육활동 자체가 기본적으로 공동체 기반 위에서 이루어지는 것이기 때문이다(Danielson, 2006: 13). 교사는 '우리' 의식을 가지고 협동ㆍ협력하면서 교육을 이끌어 가는 리더이다.

(4) 전문성

제대로 된 리더십의 발휘는 단순히 맹목적인 추종을 이끌거나 군중심리를 자극하여 동원시키는 것이 아니다(Bass, 1985). 리더십 발휘는 인간활동의 매우 복합적이며 고차원적인 작용이다(Bolman & Deal, 1992). 즉, 리더십은 복잡한 활동 및 작용을 이끌어 가는 매우 전문적인 과업수행역량인 것이다(Stogdill, 1974). 이와 같이 리더십 발휘는 매우 복합적인 과정이기 때문에 고도의 전문성이 뒷받침되지 않으면 안 된다.

특히 교사는 교육이라는 매우 복합적이고 복잡한 과업을 수행하는 사람이다(강상진 외, 1999). 따라서 일반 지도자에게도 전문성이 필요하지만 교사에게 전문성은 더욱더 중요하다. Sergiovanni(1984)는 전문성을 교사리더십의 핵심 속성으로 보고 교사는 기술적ㆍ인간적 · 교육적 역량뿐만 아니라 상징적 · 문화적 역량도 함께 갖추어야 한다고 강조하였다. 한편, Katzenmeyer와 Moller(2001)는 교사리더십을 갖춘 교사는 촉진자, 안내자, 교육과정 개발자, 스터디그룹 인도자, 업무책임자, 실행연구자, 학교발전위원회 위원, 경제계나 지역사회, 대학, 학부모단체와의 연계주도자 등의 역할을 수행하는 교사라고 보고, 이러한 과업 수행의 핵심 기반을 전문성으로 보았다. 한편, 교사리더십을 발휘하기 위해서는 '교육 전문성'(Boles & Troen, 1992: 11)뿐만 아니라 '외부자원이나 전문가 지원 등을 끌어올 수 있는' '대외관계 전문성'도 필요하다고 강조되고 있다(Day & Harris, 2003). 교사리더십의 전문성 속성을 좀 더 구체적으로 제시하면 다음과 같다.

- 과업 분야의 일에 대한 전문적 지식과 방법의 숙련성, 유능함
- 과업 내용에 대한 숙지와 방법적 모범
- 구성원에 대한 이해능력
- 정보처리능력
- 교과를 포함한 전문지식역량
- 구성원에 대한 동기유발역량
- 팀워크 형성역량

기본적으로 교사의 일 자체가 교육이라는 전문적 과업이기 때문에 과업을 제대로 수행하기 위해서는 전문성이 필요하다. 전문성이 뒷받침되지 않을 때에는 제대로 된 교사리더십 발휘가 어려워질 수

도 있다(Kouzes & Posner, 2010). 이러한 맥락에서 Danielson(2006: 1)은 교사의 리더십은 행정의 토대 위에서 이루어져서는 안되며 교육적 전문성의 기반 위에서 발휘되어야 한다고 강조하였다.

이러한 목표지향성, 과업주도성, 공동체성, 전문성은 교사리더십의 주요 속성이라고 할 수 있다.

4) 교사리더십의 개념 모형

이 절에서는 앞의 교사리더십 개념 요소 논의를 종합하여 교사리더십의 개념 모형을 제안하고자 한다. 교사리더십을 개인역량이나 자질과 같은 의미에서 이해하는 경우 자칫 리더십의 맥락을 간과할 우려가 있다. 리더십은 개인역량 차원을 넘어서서 관계 차원의 속성이다(Katzenmeyer & Moller, 2009). 즉, 교사리더십은 교사 개인에게 필요한 능력이면서 동시에 구성원들과의 관계 속에서 발휘되는 관계적 '영향력'이라고 할 수 있다(安藤知子, 2004: 38). 또한 교사리더십은 학생, 동료교원, 학부모 등과의 상호작용을 통해 상호 성장, 발전을 도모하는 역량이기도 하다.

아울러 교사리더십은 교육활동 전반에 걸쳐 '구성원'으로 하여금 목표를 달성해 갈 수 있도록 작용하는 '통합적인 영향력'이라고 할 수 있다. 여기서 교육활동이란 교과지도, 생활지도 등 학생을 대상으로 하는 교사의 활동을 비롯하여 학급운영, 동료교원과의 관계 및 활동, 행정업무 그리고 학부모관계까지를 모두 포함한다. 또한 통합적 영향력이란 목표지향성, 공동체성, 과업주도성, 전문성 등의 속성이 종합적으로 구현되어 구성원으로 하여금 목표를 달성하도록 안내, 촉진하는 힘이라고 할 수 있다. 이와 같이 교사리더십은 교육활동 과정에서 구성원들로 하여금 과업을 수행할 수 있도록 동기화시키는 힘이며 목표를 달성할 수 있도록 하는 영향력이다.

앞에서 논의한 교사리더십 개념 요소를 종합하여 교사리더십의 주체(교사), 속성(목표지향성, 공동체성, 과업주도성, 전문성), 발휘 영역(수업지도, 생활지도, 학급운영, 동료교사관계, 행정업무, 학부모관계), 발휘 대상(학생, 동료교사, 학부모)을 중심으로 교사리더십 개념 모형을 제시하면 다음과 같다.

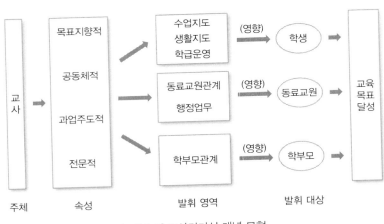

[그림 2-2] 교사리더십 개념 모형

종합하면 교사리더십은 '교사들이 학교에서 학교의 교육목표 달성을 위하여 수업지도, 생활지도, 학급운영, 동료교원관계, 행정업무, 학부모관계 등의 영역에서 학생, 동료교원, 학부모 등에게 발휘하는 목표지향적 · 공동체적 · 과업주도적 · 전문적 영향력'이라고 할 수 있다.

4. 교사리더십 개념의 발전을 지향하며

교사리더십의 대두는 교육 환경 변화의 산물이며, 향후 학교 및 교사의 자율성 증대에 따라 더욱 중요한 의미를 갖게 될 것이다 (Katzenmeyer & Moller, 2009; Sergiovanni, 2001a). 따라서 교육 현장에서 교사리더십 개념을 정립하고 교사리더십 함양을 위한 다양한 노력을 기울이는 것은 매우 중요하고 필요하다.

교사리더십이 상당히 다의적이고 포괄적인 개념이기 때문에 구체적인 수준에서의 개념 정의는 쉽지 않다(Simkins, 2005). 따라서 교사리더십 개념은 다양한 측면에서 접근이 필요한데, 이 장의 교사리더십 개념 규정은 하나의 시론적(試論的) 시도라고 할 수 있다.

교사리더십에 대한 관심이 좀 더 일찍 발달한 미국의 경우 교사리더십의 핵심 요소가 시대적 흐름에 따라 변하는 모습을 보여 주고 있다. 교사리더십의 개념이 등장하기 시작한 1980년대 초반에는 대체로 교사리더십은 공식적인 위계 가운데 특정 지위에 있는 교사, 예를 들어 부장교사, 학과장 등의 지위에 있는 교사들에게 요구되는 리더십에 초점이 맞추어졌고, 1990년대에 들어서는 교사의 권한 강화 및 분권화의 흐름에 따라 일반 교사들에게 부여된 권한위임(empowerment) 차원에서 교사리더십이 논의되었다. 2000년대에 들어서는 학교공동체 운동이 활발해지면서 교사리더십도 공동체리더십 측면이 강조되었다(Katzenmeyer & Moller, 2009).

국내 학자 중 김영태(1999: 155)는 교사리더십을 '학생의 삶의 변화를 효율적으로 촉진하기 위해 특정한 자질과 능력을 지닌 교사가 학생, 학부모, 동료교사, 학교행정가, 지역사회를 대상으로 발휘하는 적합한 영향력'으로 정의하였는데, 그 영향력의 실제가 되는 내용에 대해서는 자세한 논의를 하지 않았다. 그리고 황기우(2008: 30)는 Andrew(1974)의 논의를 바탕으로 '교사리더십은 교사들이 교수–학습 과정에서 서로의 공유와 협력을 통해 나타나는 것이며 학생들의 발전을 위해 발휘하는 영향력'이라고 보았다. 그는 교사리더십을 본질적으로 교육의 질을 개선하기 위해 변화를 일으키는 교사의 역할로 보고자 하였으며 주로 교사리더십의 목적에 초점을 맞추어 교사리더십 개념을 규정하고자 하였다. 그런데 그의 논의 역시 교사리더십 개념 속성에 대해서는 별다른 언급을 하지 않고 있다.

이러한 국내외 논의를 종합해 보면 교사리더십 개념에 대한 논의가 있기는 하지만, 좀 더 체계적인 개념 규정은 아직 미흡한 수준이라고 할 수 있다. 이러한 측면에서 이 장에서의 교사리더십 개념 논의는 교사리더십의 기본 요소인 교사리더십 발휘 대상, 발휘 영역을 기반으로 하면서 교사리더십 발휘 속성 차원까지 체계화시켜 교사리더십 개념 모형을 제시하고 있다는 점에서 의의가 있다고 할 수 있다.

제3장

외국에서의 교사리더십은 어떠한가[1]

1. 외국에서 교사리더십 연구의 등장

많은 국가에서 '교사리더십'이 학교 교육개혁과 관련하여 크게 주목을 받고 있다(Frost & Durrant, 2003; Muijs & Harris, 2002). 포스트모더니즘, 구성주의, 다원주의 등 새로운 인식론을 바탕으로 한 교육 패러다임의 변화는 학교에서 교장과 교사 사이의 새로운 관계 정립 및 역할 변화를 요구하였다. 즉, 학교 내에서 교장의 독단적 학교 운영보다는 학교공동체 구성원이 참여하는 협력적 학교 운영이 강조되며 학교 구성원의 참여, 자율, 책임 등이 중시되고 있다(Levinson, 2011; Lieberman & Miller, 2004). 새로운 교육 패러다임에 따른 학교 체제의 구축을 위해서는 과거와 같은 권위적·위계적 관계가 아닌 새로운 관계 정립이 필요한 것이다(Murphy, 2005).

거의 모든 나라에서 급격한 사회의 변화, 지식의 폭발적 증가 등

---

1) 이 장은 김병찬(2005)의 「교사지도성에 관한 시론적 논의」의 내용을 수정, 발전시킨 것이다.

으로 인해 학교 및 교사들이 감당해야 할 과업은 더욱 증대되었을 뿐만 아니라 다양하고 복잡해지고 있다(Hargreaves & Fullan, 2012). 이로 인해 교사에게 전통적으로 감당했던 업무뿐만 아니라 새로운 업무가 계속해서 생겨나고 있다. 즉, 교육공학의 발달 및 각종 기기의 활용, 증가하는 지식, 다양한 교수법의 발달, 지속적인 교육개혁 등 교사들이 갖추고 준비해야 할 것들이 급격히 증대되고 있는 것이다. 하지만 교사교육 과정이나 교사훈련 과정에서 이러한 변화를 다 수용하여 준비시켜 주지 못하고 있는 실정이다(Danielson, 2006; Loughran & Hamilton, 2016). 오늘날 교사들은 제대로 준비가 되지 못한 상태에서 학교 현장을 맞닥뜨리고 있는 것이다(Fullan, 2005; Levinson, 2011).

이러한 복합적인 상황의 변화 속에서 많은 나라에서 교사리더십에 크게 주목하고 있다(Lieberman & Miller, 2004; Murphy, 2005; Suranna & Moss, 2002). 교사들이 학교 환경 변화에 적응하고 그에 합당한 교육활동을 책임 있게 잘 수행해 나가기 위해서 교사리더십이 매우 필요해졌기 때문이다. 이러한 맥락에서 여러 나라에서 교사리더십을 학교 발전이나 교육개혁을 위한 핵심 요소로 보고 교사리더십 함양을 위해 다양한 노력을 기울이고 있다(Harris & Muijs, 2005; Lieberman, 2002; OFSTED, 2000). 이 장에서는 우리보다 앞서 교사리더십에 관심을 갖고 노력을 기울여 온 다른 나라의 교사리더십에 대해 살펴본다.

2. 외국에서 교사리더십 대두 배경

교사리더십은 약 40여 년 전, 1980년대 무렵부터 미국, 영국, 캐나다 등 교육개혁을 주도하는 나라를 중심으로 대두되었다(Gronn, 2000; Katzenmeyer & Moller, 2009). 그 이전의 교육리더십 논의는 대부분 교장을 비롯한 학교행정가의 리더십에 초점이 맞추어져 있었고 일반 교사의 리더십에는 크게 주목하지 않았다. 하지만 1980년대부터 여러 교육 환경의 변화로 인해 교사리더십이 대두되기 시작한 것이다.

미국과 영국의 경우 거의 비슷한 시기에 교사리더십에 대해 관심을 가지기 시작하였는데 두 나라 모두 교육개혁 및 학교개혁과 관련하여 교사리더십에 주목하였다는 점에서 공통적이다(Frost & Durrant, 2002; Harris, 2002; OFSTED, 2000). 두 나라는 국가의 위기나 침체의 원인이 교육의 부진에 있다고 판단하고 교육개혁을 국가의 핵심 과제로 삼아 박차를 가해 왔다. 하지만 교육개혁의 성과는 의도한 만큼 나타나지 않았으며 학교 현장의 변화를 일으키지도 못했다(Levinson, 2011; Loughran & Hamilton, 2016). 이에 각 나라에서는 여러 분석을 통해 국가 주도, 혹은 학교행정가 주도의 교육개혁이 실패의 원인이었음을 인식하고 교사들을 교육개혁의 주체로 삼는 새로운 교육개혁 방향을 정립하였다(Holmes Group, 1990, 1995; OFSTED, 2000). 하지만 교사 주도의 새로운 접근으로 교육개혁 및 학교개혁을 추진하는 데 있어 교사의 역량이 문제가 되었다. 왜냐하면 기존의 체제에서 교사들에게 새로운 변화에 적합한 역량을 길러 주지 못했기 때문이다(Danielson, 2006; Levinson, 2011).

따라서 교육개혁을 성공시키기 위해 교사들의 역량 강화가 핵심 과제가 되었으며 교사들의 리더십 함양도 이러한 맥락에서 강조된 것이다(Leithwood, 1994; Lieberman & Miller, 2004). 교사들의 리더십 함양을 통해 교육개혁 및 학교개혁을 성공적으로 이끌어 궁극적으로 학생들의 성취를 향상시키고자 했던 것이다(Katzenmeyer & Moller, 2009). 외국에서 교사리더십이 대두된 주요 배경을 살펴보면 다음과 같다.

1) 기존 교육개혁의 한계

1980년대를 전후하여 주요 국가에서는 기존의 국가주도, 교육행정가주도의 교육개혁이 대체적으로 한계에 부딪혔다고 인정하고 교사에 대한 권한위임, 교사의 주체적인 참여 등을 바탕으로 한 교사 중심의 교육개혁으로 전환하였다(Sahlberg, 2011; Suranna & Moss, 2002). 기존의 하향식 교육개혁은 교사의 자율적 역량을 약화시키고 과도한 부담을 지워서 교사로 하여금 역량을 충분히 발휘하지 못하게 하여 의도했던 교육개혁 성과를 내지 못했다고 본 것이다(Hargreaves & Fullan, 2012). 같은 맥락에서 국가주도 교육개혁이 교사들의 자율성 및 전문성을 침해하여 학교 교육의 효과성을 떨어뜨리는 결과를 낳았다는 연구도 큰 주목을 받았다(Frost & Durrant, 2002).

기존의 학교개혁 과정에서 교사들이 교육활동과 관련된 전문적 의사결정 과정에 참여하지 못하고 통제받는 풍토 속에서 교육활동을 수행함으로 인해 교사들의 전문적 역량 및 리더십이 충분히 발휘되지 못했다는 것이다(Levinson, 2011). 이러한 과거 체제에서는 기본적으로 교사를 수동적인 존재로 보고, 훈련되어야 하며 지시에 충실히 따라야 하는 대상으로 여겼다(Orland-Barak & Craig, 2015). 결국 이러한 접근은 교사의 전문성 약화를 가져와 궁극적으로 학생들의 성취도 향상을 목표로 하는 교육개혁의 방해요인으로 작용했던 것이다(Sahlberg, 2011).

이러한 문제의식에서 교사들에게 권한을 주고 학교 교육의 과정에 주도적으로 참여하게 하여 역량을 충분히 발휘하게 함으로써 교육개혁을 성공적으로 이끌겠다는 새로운 접근들이 나타났다(Fullan, 2005). 교육개혁에 관한 여러 보고서에서 교사의 주도적 참여 및 교사리더십을 강조하는 것도 이러한 흐름과 궤를 같이하는 것이라고 할 수 있다(Carnegie Task Force on Teaching as a Profession, 1986; Holmes Group, 1990, 1995). 그리고 결정적으로 국가 중심, 교육행정가 중심의 교육개혁 및 학교개혁이 학교 교육목표 달성에 긍정적인 기여를 하지 못했다는 다양한 연구 결과가 발표되면서 교육개혁 패러다임의 변화는 급속하게 가속화되었다(Hallinger & Heck, 1996; Sarason, 1990; Sleeter, 2007). 또한 새로운 체제, 즉 공동체주의, 분산적 리더십 등을 바탕으로 한 학교 운영을 통해 학생들의 성취도 향상에 있어 긍정적인 결과를 가져왔다는 연구들(Gronn, 2000; Pearce & Conger, 2003; Smylie & Denny, 1990)은 이러한 변화를 더욱 촉진시켰다. 이러한 맥락에서 주목받기 시작한 것이 교사리더십이다. 즉, 교사들에게 자율과 권한을 확대시켜 주고 교사가 책임을 지고 리더십을 발휘하게 하여 학교 교육을 이끌어 나가도록 하는 것이 그어떤 접근의 교육개혁보다 성공적인 교육개혁을 이룰 가능성이 높다고 본 것이다(Hargreaves, 2003; Murphy, 2005).

2) 학교 재구조화

학교 재구조화 운동도 교사리더십 대두의 한 배경이 되고 있다. 기존의 학교 체제에서 학교 효과성 저하 등 여러 문제가 드러나면서 새로운 대안을 모색하게 되었는데, 학교 재구조화는 학교 체제 변화의 대안 중 하나로 부각되었다(Lambert, 1998). 학교 재구조화는 기존의 수직적 · 위계적 학교 체제에서 벗어나 수평적 · 협동적 학교 체제로의 변화를 추구한다(Sergiovanni, 1994a). 학교 재구조화 과정에서는 위계적 조직 구조에서 수평적 조직 구조로의 변화를 추구할 뿐만 아니라 교육청이나 교장의 권한을 교사들에게 위임하는 권한위임(empowerment)도 학교 재구조화의 큰 기반이다(Sharan & Chin Tan, 2008). 학교 재구조화를 통해 교사들은 권한을 위임받고 이 권한과 자율을 바탕으로 교육활동을 수행해 나가게 되는데, 이러한 역할을 감당할 교사들에게 교사리더십은 핵심역량이 되는 것이다(Katzenmeyer & Moller, 2009). 학교 재구조화 기반 위에서 교사리더십은 중요한 위치를 차지하게 되었으며, 교원 선발, 수업지도, 생활지도, 교사 멘토링 등 학교 교육활동 전반에서 교사리더십 발휘가 강조되었다(Davidson & Dell, 2003: 2; Kouzes & Posner, 2010).

수평적 체제로 재구조화된 학교에서 교사들은 의사결정 및 협력적 활동 등에서 중심 역할을 하게 되면서 학교공동체의 발전 및 학생들의 학업성취도 향상이나 교육활동에 있어 핵심 주체가 되었다 (Lieberman & Miller, 2004). 이러한 맥락에서 학교 재구조화를 기반으로 한 새로운 학교 체제에서 교사들의 적극적인 참여, 목표 공유, 학교 발전에 대한 강한 신념 등을 바탕으로 한 교사리더십은 학교 교육활동의 중심축이 된 것이다(Hargreaves & Fullan, 2012; Murphy, 2005).

3) 공동체주의

공동체주의도 또 하나의 교사리더십 대두 배경이다(Katzemneyer & Moller, 2001). 1980년대를 전후하여 교육공동체가 학교가 지향해야 할 바람직한 조직 유형이라는 인식이 확대되기 시작하였다 (Hargreaves & Fullan, 2012; Sergiovanni, 2001a). 즉, 학교는 단순히 지식을 전달하는 장이 아니라 학생들의 지적 · 사회적 · 정서적 발달을 꾀하는 '삶의 세계'이며, 학교 구성원 모두 함께 학습하고 성장해 가는 학습공동체라는 인식이 크게 확대된 것이다(Tan, Liu & Low, 2017). 학교를 교사가 일방적으로 가르치고 학생들은 배우기만 하는 위계적인 조직이 아니라, 교사와 학생 사이에 상호 학습이 일어나고 더 나아가 교사와 교사, 학교와 지역사회 사이에도 상호 학습이 일어나는 학습공동체의 장으로 보기 시작한 것이다 (Hargreaves, 2003; Levinson, 2011). 이러한 학습공동체 및 교육공동체에서 교사는 공동체를 이끌어 가는 주체로 인식되었으며, 교육공동체를 이끌어 갈 주체로서 교사에게 리더십은 필수 역량이 된 것이다(Lieberman & Miller, 2004).

공동체 문화가 형성되지 않았던 과거에는 조직 구성원들은 리더와 추종자(follower)로 구분되고 추종자는 리더에게 복종해야 했다. 이로 인해 과거에는 훌륭한 리더가 강조되었으며 구성원들에게는 리더를 잘 따르고 복종하는 '순종'이 가장 큰 미덕이었다(Stogdill, 1974). 하지만 공동체 조직에서는 리더 한 사람만이 아닌 조직 구성원 모두의 주체적 참여와 협력을 중시하며 구성원 모두의 리더십을 강조한다(Lieberman & Miller, 2004). 따라서 공동체 조직에서는 리더의 리더십도 중요하지만 구성원들의 리더십도 함께 중시한다. 특히 학습공동체로서의 학교 조직에서 교사들의 리더십은 학교 교육의 성공을 위한 핵심 요소로 인식되고 있다(Frost & Durrant, 2003; Lambert & Gardnet, 1995: 134-158).

4) 구성주의 인식론

구성주의 인식론 또한 교사리더십 대두의 한 배경이 되고 있다(Lieberman & Miller, 2004). 구성주의는 교수와 학습에 대한 새로운 인식론으로서 기본적으로 학습을 교사가 지식을 전달하는 과정이 아니라 학생 스스로 지식을 구성해 가는 과정으로 보는 관점이다(Fosnot, 1996b). 이 관점에서 교사는 아동에게 많은 지식을 전달해 주는 사람이 아니고 아동이 지식을 구성할 수 있도록 도와주는 사람이다. 또한 구성주의 관점에서는 지식을 절대적·객관적으로 존재하는 것이 아니라, 교수자와 학습자 사이에 상호작용을 통해 구성되는 것으로 본다(Brooks & Brooks, 1993).

이러한 구성주의 원리는 리더십 이론에도 적용이 되고 있다. 구성주의 입장에서 리더십은 리더가 일방적으로 행사하는 권력이 아니라 구성원들과의 상호작용을 통해 형성되는 것이다(Lambert, 1995). 따라서 구성주의 관점에서는 리더십을 리더 '개인역량'이 아니라 리더와 구성원 사이의 관계에서 형성되는 '관계역량'으로 본다(Levinson, 2011). 이러한 구성주의의 원리를 기반으로 한 리더십 관점에서는 모든 교사가 리더십을 발휘하는 주체가 된다(Katzemneyer & Moller, 2009). 학교에서 교장은 교사들과의 상호작용 과정에서 리더십을 형성·발휘하는데, 교장뿐만 아니라 교사들 역시 학생 및 동료교원들과의 상호작용 과정에서 리더십을 형성·발휘하는 리더십 주체인 것이다(Hargreaves & Fullan, 2012). 이러한 구성주의 원리에 기반한 교사리더십 발휘 과정에서는 상호작용 과정의 존중, 적극적인 공동체 참여, 의미구성 활동의 촉진, 공동의 목표 추구 등이 강조된다(Lambert, 1995: 29). 이와 같이 구성주의 인식론의 대두로 인해 학교에서 교사의 주체적인 참여가 매우 중요해졌고, 이러한 역할을 감당해야 하는 교사들에게 교사리더십이 필요해진 것이다.

한편, 구성주의 인식론은 교육리더십 논의에서 의미 있는 두 가지 변화를 가져왔는데, 하나는 교육리더십 영역의 확대이고, 다른 하나는 교육리더십 개념 속성의 변화이다. 우선 교육리더십 영역의 확대와 관련하여, 전통적으로 학교 내에서의 교육리더십은 교장의 리더십을 가리켰다(Fullan, 2005). 즉, 과거에는 학교에서 리더십의 주체를 주로 교장으로 보고 교장이 어떻게 리더십을 발휘하여 학교를 발전시키느냐에 관심을 가졌다(Hargreaves, 1994). 하지만 구성주의 인식론 및 교육 패러다임의 변화에 따라 교장뿐만 아니라 교사도 리더십의 주체로 인식되었고, 이로 인해 교육리더십의 범위가 교장에서 교사에게까지 확대되었다는 것이 교육리더십 논의의 큰 변화 중 하나이다(Katzenmeyer & Moller, 2009).

또 하나는 교육리더십 개념 속성의 변화이다. 기존에는 리더십이 특정 개인이 갖는 역량으로 이해되었다(Stogdill, 1974). 하지만 구성주의 관점에서 리더십은 개인이 가지는 속성이라기보다는 '상호작용 과정의 산물'로 이해되고 있다(Lieberman & Miller, 2004). 즉, 리더십은 구성원 사이의 관계 및 상호작용 과정에서 형성되는 관계적 속성이라는 것이다. 이와 같이 교육리더십의 속성이 특정 개인의 속성을 넘어서서 구성원 사이에 형성되는 관계적 속성으로 그 개념적 속성이 변화된 것이다(Katzenmeyer & Moller, 2009).

3. 외국에서 교사리더십 연구

앞서 논의한 것처럼 외국에서 교사리더십은 기존 학교개혁의 한계, 학교 재구조화, 공동체주의, 구성주의 인식론 등 여러 요인이 복합적으로 작용하여 대두되었다. 이러한 배경을 기반으로 하면서 외국에서 초창기 교사리더십 연구는 대체로 교사리더십의 정체성 확립에 주로 초점이 맞추어졌다(Lieberman & Miller, 2004; Murphy, 2005).

외국에서도 교사리더십의 대두는 전통적 리더십 맥락에 대한 새로운 도전이었다(Harris, 2003: 315). 왜냐하면 교육리더십과 관련하여 그동안 크게 주목받지 못했던 교사를 교육리더십의 주체로 인식하기 시작하면서 교육리더십의 개념을 확장시켰기 때문이다. 우선 외국에서의 주요 교사리더십 개념 논의를 살펴보면, 교사리더십에 대해 대체로 '변화를 위해 동료교사들을 북돋우는 능력' (Wasley, 1991: 23), '학급 및 학교공동체 발전을 위해 기여하는 능력' (Katzenmeyer & Moller, 2001: 17), '협동적 노력을 통해 전문성을 개발시키는 능력'(Boles & Troen, 1992: 11) 등으로 정의하고 있다.

좀 더 살펴보면, 우선 Day와 Harris(2003)는 교사리더십을 교사가 가지는 역량으로 보고 네 차원으로 나누어 교사리더십을 설명하고 있다. 첫째, 학교 이념이나 교육방침을 각 교실의 실천으로 연계시키는 역량, 둘째, 참여의식과 주인의식, 셋째, 외부자원이나 전문가 지원 등을 끌어올 수 있는 역량, 넷째, 동료교사들과 밀접한 관계를 형성할 수 있는 역량 등으로 교사리더십을 정의하였다.

한편, Suranna와 Moss(2002)는 교사에 대한 면담 및 참여관찰을 통해 리더십을 갖춘 교사의 특징 다섯 가지를 도출하였는데, 첫째, 전문성 발달에의 적극적인 참여, 둘째, 학생들에 대한 높은 관심 및 우수한 수업 및 학급운영, 셋째, 교육과정 개발 및 개선에 주체적인 참여, 넷째, 전통에 대한 극복 및 학교발전에 대한 확고한 의지, 다섯째, 교장과의 협력 및 의사결정 과정에의 주도적 참여이다.

Smylie와 Denny(1990)의 연구에 의하면 리더십을 발휘하는 교사는 동료교사들을 돕고 지원하는 모습을 보여 주었는데, 학교 조직 내에서 '촉진자', '도와주는 자', '변화의 촉매자', '정서적 지원자', '지식의 보고' 등의 역할을 하고 있는 것으로 나타났다.

한편, Davidson과 Dell(2003: 19)은 ASP(Accelerated Schools Project) 프로그램[2)]에 대한 연구를 바탕으로 리더십을 발휘하는 교

---

2) ASP 프로그램은 미국 학교개혁 프로그램 중의 하나로, 학교 구성원들 사이의 목표 합의, 학

사는 혁신자(innovators), 도와주는 자(mentors), 안내자(coaches), 위험 감수자(risk-takers), 기획자(eatrepreneurs), 총체적 변화 중계인 (overall change agents) 등의 역할을 하는 교사임을 밝혀냈다. 이 역할 중, 특히 변화 중계인의 역할은 다른 교사들을 도와주고 동기를 북돋워 줌으로 성공적인 학교 변화를 이루어 낼 수 있는 중요한 역할이라고 강조하였다. 이들 연구가 밝히고 있는 교사리더십 요소를 종합하여 제시하면 다음과 같다.

<표 3-1> 교사리더십 요소

학자＼내용	교사리더십 요소
Smylie & Denny(1990)	• 동료교사 지원 • 촉진자 • 도와주는 자 • 변화 촉매자 • 정서적 지원자 • 지식의 보고
Katzenmeyer & Moller(2001)	• 촉진자 • 안내자 • 교육과정 개발자 • 스터디그룹 인도자 • 업무책임자 • 실행연구자 • 위원회 임원 • 대외 연계자

교 구성원에 대한 책임을 수반한 권한위임, 개별 교사들의 장점 및 전문성 개발 등을 통해 최선의 교수-학습 환경을 조성하여, 특히 특수아동교육 발전을 도모하고자 하는 프로그램이다(http://www.sp.uconn.edu/~wwwasp/gen.htm).

Suranna & Moss(2002)	• 전문성 발달 의지 • 학생에 대한 관심 • 수업 및 학급운영 능력 • 교육과정 개발자 • 학교발전 의지 • 교장과의 협력 • 의사결정 과정 참여
Davidson & Dell(2003)	• 혁신자 • 도와주는 자 • 안내자 • 위험 감수자 • 기획자 • 변화 중계인
Day & Harris(2003)	• 학교 방침이나 이념을 교실 실천으로 연계하는 능력 • 참여의식 • 주인의식 • 외부자원 연계능력 • 동료교사와 관계형성 능력

한편, Harris(2003: 316-318), Gronn(2000) 등은 교사리더십을 분산적 리더십(distributed leadership) 관점에서 접근하였다. 이 관점에서는 리더십을 조직 내 구성원의 상호작용 가운데 나타나는 집합적 현상(collective phenomenon)으로 보았다. 이들은 또한 모든 교사를 리더십을 발휘하는 주체로 보았다. 그러므로 이 관점에 의하면 리더십은 어느 한 개인 속에 고정되어 있는 것이 아니며 구성원의 상호작용 가운데서 나타나는 '과정의 속성'인 것이다(Harris, 2003: 317). 따라서 이들은 학교에서도 리더십을 교장 개인의 전유물로 봐

서는 안 되며 학교 구성원인 교사 모두를 리더십을 발휘하는 주체로 봐야 한다고 강조하였다. 아울러 이들은 모든 교사는 리더이기 때문에 모든 교사에게 리더십을 발휘할 수 있는 여건을 마련해 주어야 하며, 교사에 대한 권한위임, 교장과 교사의 권한공유, 상호의존적 책무성 체재 구축 등이 필요하다고 주장하였다.

이러한 접근은 전통적 리더십 접근과는 분명히 구분되는 것으로 전통적 리더십 관점에서 보면 '이단(heresy)'적인 도전이었다 (Harris, 2003: 318). 그동안 학교에서 오랫동안 굳어져 온 '한 사람의 힘', 또는 '교장의 힘'이라는 리더십 개념이 도전을 받았기 때문이다 (Davidson & Dell, 2003). 새로운 흐름에 따라 기존의 개인 중심 리더십 개념에서 리더십의 공유, 연합 리더십, 분산적 리더십 등의 개념으로 리더십 속성이 바뀐 것이다(Southworth, 2002). 이제 리더십은 구성원 사이에 공유되는 것이라는 관점이 교사리더십 논의의 주류 관점이 되었다(Hargreaves & Fullan, 2012; Katzenmeyer & Moller, 2009; Lieberman & Miller, 2004).

한편, 교사리더십이 형성되고 발휘되도록 지원해 주는 학교문화 형성 또한 크게 주목을 받았다(Frost & Durrant, 2003). 특히 구성원 사이의 상징적 상호작용 과정을 교사리더십 형성의 핵심 과정으로 여겨 상호작용 여건이나 환경 조성이 크게 강조되기도 하였다 (Harris, 2003: 314). 이와 관련하여 Harris(2002, 2003)의 연구가 주목을 받았는데 이 연구에서는, 첫째, 학교 과업에 대한 문화적·정서적 접근, 둘째, 구성원들 사이의 가치 및 비전 공유, 셋째, 학습공동체의 형성, 넷째, 권한위임을 통한 리더십의 분산, 다섯째, 협동적 관계 형성이 학교에서 교사리더십 형성 및 발휘의 중요한 요건임을 밝혀냈다. 그리고 그는 교사리더십 형성을 위해서는 기술적 · 합리적 접근보다 정서적 · 문화적 접근이, 그리고 구조적 변화보다는 문화적 변화가 훨씬 더 중요하다고 강조하였다.

이러한 논의를 종합하여 외국에서의 교사리더십 논의의 주요 특징에 대해 정리하면 다음과 같다. 첫째, 교사리더십을 구성원 상호작용 과정의 속성으로 보고 있다는 점이다. 전통적으로 리더십은 특성이론에 바탕을 둔 출중한 개인이 가지는 속성으로 이해되어 왔다. 하지만 점차 구성원들의 상호작용 과정에서 일어나는 지도적 행위에 초점이 맞추어지면서 리더십의 상호작용 측면이 부각되었다. 교사리더십 역시 교사의 개인적 속성 측면도 있지만 점차 교사와 학생, 교사와 동료교사, 교사와 교장 사이의 상호작용 과정의 산물로 이해되고 있다(Harris, 2003; Suranna & Moss, 2002; Wasley, 1991).

둘째, 학교목표 달성에 초점을 맞추어 교사리더십 논의가 이루어지고 있다는 점이다. 대부분의 논의에서 교사리더십은 대체적으로 학교 교사들의 주체적인 참여를 기반으로 하고 있는데, 교사들의 참여는 학교 교육활동, 즉 학교의 교육목표 달성에 주로 초점을 맞추어져 있다(Katzenmeyer & Moller, 2009). 다시 말해, 외국에서 교사리더십이 강조되는 맥락은 일반적인 리더십 차원보다는 학교의 교육목표 달성이라는 비교적 분명한 목적 가운데 논의가 이루어지고 있다는 점이 특징이라고 할 수 있다(Davidson & Dell, 2003; Katzenmeyer & Moller, 2009; Smylie & Denny, 1990).

셋째, 교사리더십을 교사에 대한 권한위임과 밀접하게 연관시켜 논의하고 있다는 점이다. 대체적으로 새롭게 부각되고 있는 교사리더십은 기존의 학교 내의 권력관계나 체제의 변화를 전제로 한다. 특히 교사리더십 발휘를 위해 교사에 대한 권한위임이 강조되고 있다(Lieberman & Miller, 2004). 교사리더십 논의가 교사의 권한을 강화시켜 주는 방향으로 학교 내의 권력관계, 권한관계의 변화와 밀접하게 연관되어 논의가 이루어지고 있다는 점 또한 또 하나의 특징이다(Day & Harris, 2003; Hargreaves & Fullan, 2012; Southworth, 2002).

4. 외국에서 교사리더십 개발 사례

교사리더십이 주목을 받으면서 각 나라에서 교사리더십 개발에 큰 관심과 노력을 기울이고 있으며 다양한 분야, 다양한 영역에서 교사리더십 개발이 이루어지고 있다(Danielson, 2006; Day & Harris, 2003; Fenwick, 2004; Katzenmeyer & Moller, 2009; Lieberman & Miller, 2004).

외국에서 교사리더십 개발 사례는 매우 다양하여 몇 가지로 정리하는 것은 쉽지 않다. 이 절에서는 교사리더십 개발 사례에 관한 논의에서 비교적 자주 언급되고 있는 네 가지 사례에 대해 살펴보고자 한다.

1) 발달 과업 부여를 통한 교사리더십 개발

발달 과업 부여를 통한 교사리더십 개발 사례의 하나로 영국의

Canterbury Christ Church University College가 주축이 되어 추진한 학교 중심 교사리더십 개발 프로그램이 있다(Frost & Durrant, 2002). 이 프로그램에서는 학교 변화를 이끌어 갈 교사의 리더십 함양을 목표로 교사들로 하여금 자신의 전문적 관심 사항을 토대로 발달 과업을 수행하도록 하는 데 초점을 맞추었다. 이 프로그램은 석사학위 과정으로 운영이 되었으며, 교육지원청과 대학이 협력·연계하여 운영하였다. 이 프로그램 운영 결과에 따르면 교사주도로 발달 과업을 수행할 경우, 교사, 학교조직, 학생 학습 등에 긍정적인 영향을 미치는 것으로 나타났고 아울러 학교와 학교 외부의 관계도 상당히 개선되는 것으로 나타났다. 구체적으로 교사들에게는 교실에서 새로운 실천이나 변화가 나타났는데, 이는 교사들의 교실 수행능력의 향상, 자신감 및 헌신감 증가, 협력적 노력 증가 등으로 이어졌다. 학교 차원에서도 교사들이 의사결정 과정에 참여함으로써 학교 교육계획 수립 및 추진역량이 향상되어 학교 성과에 의미 있는 영향을 미치는 것으로 나타났다. 학생 차원에서는 학업성취도 향상, 학습 태도나 동기 향상, 학습에 대한 반성역량 향상 등의 효과가 있는 것으로 나타났으며, 대외적인 측면에서는 다른 학교와의 연계 및 네트워크 형성을 통해 새로운 연대 문화를 형성하는 것으로 나타났다.

이 프로그램 운영 사례를 통해 학교 발전을 위해서는 교사들의 리더십 함양이 필수 요인임이 드러났으며, 교사의 전문성 및 리더십 발달은 학생들의 교수-학습에도 중요한 영향을 미친다는 것이 밝혀졌는데 이 또한 의미 있는 결과라고 할 수 있다. 그리고 이 사례에서는 교사리더십 함양을 위해서 교장, 교감 등 행정가의 체계적인 지원 및 공유리더십 문화 형성이 중요함을 시사해 주고 있다.

2) 교육개혁 프로그램 참여를 통한 교사리더십 개발

교육개혁 프로그램 참여를 통한 교사리더십 개발 사례도 다양하게 나타나고 있다. 한 예로 학교개혁 및 학교 재구조화를 목적으로 한 ASP(Accelerated Schools Project) 프로그램 참여를 통한 교사리더십 개발 사례가 있다(Davidson & Dell, 2003). 이 프로그램에서는 학교 운영 과정에서 교사의 참여를 강조하며 교원 선발 및 인사, 교수기술 향상, 교사평가 등 전반적인 영역에서 교사들의 주체적인 참여를 보장한다.

Davidson과 Dell(2003)은 미국 New Orleans주의 한 ASP 프로그램 운영 과정에 대한 참여연구를 통해 교육개혁 프로그램 운영 과정에서 교사리더십 함양과 관련된 세 가지 요소를 도출하였는데, 첫째, 구조적 토대 구축(프로그램의 가치와 원리에 대한 교사들의 내면화, 탐구 과정의 활용, 지도자의 역할에 대한 기대, 핵심 교원들의 팀워크), 둘째, 교사들의 주도적 참여(프로그램의 개발 및 실행 과정에의 참여), 셋째, 책무성 부여(표준화 검사의 성취 수준 향상)이다. 이 프로그램에서는 의사결정 과정에 교사들의 능동적 참여를 강조하고 교사 스스로 적절한 교수–학습 환경을 조성할 수 있도록 권한을 위임하였다. 이러한 과정에서 교사의 리더십이 개발되며 일부 교사는 새로운 리더로 발전하기도 하였다. 이 프로그램에서 교사리더십 발휘의 중요한 토대 중의 하나는 교사에게 책무성을 부여하고 교육활동에 대해 교사도 학교행정가와 책임을 공유하도록 하는 것이었다.

프로그램 운영 결과, 교육개혁 프로그램 운영 과정에서 교사리더십 함양을 위해서는 비전 및 목표의식의 공유, 교사에 대한 권한위임, 교사의 역할에 대한 인식의 변화, 중간관리 교사의 역할 인정 및 지원 등이 필요한 것으로 나타났다. 그리고 시간 확보 문제, 예산 지원 문제 등은 해결해야 할 과제로 드러났다.

3) 대학과 학교 현장 연계를 통한 교사리더십 개발

대학과 학교 현장의 연계를 통한 교사리더십 개발도 다양하게 이루어지고 있다. 한 예로 1998년 미국 Illinois 주의 한 대학 교사교육과정에서는 Joyce 재단의 지원을 받아 현직교사를 대상으로 수업리더십 함양 프로그램을 운영하였다(Lieberman, 2002). 이 프로그램은 현직교사 중에서 능력 있는 교사를 선발하여 수업지도자로 양성한 다음에 이들로 하여금 다른 교사들의 수업을 돕거나 교사양성과정의 예비교사들을 돕도록 하기 위한 취지에서 계획되었다. 그리고 학교 및 교원들과 대학 사이의 지속적인 교류·협력이 이 프로그램 운영의 주요 기반이었다. 이 프로그램은 크게 세 가지 목표를 위해 운영되었는데, 첫째, 교사들의 교수역량 및 교사지도자로서의 기능 향상, 둘째, NBPTS(National Board for Professional Teaching Standards)에서 수여하는 우수교사 인증서 획득 지원, 셋째, 교사양성 과정에서 현장 전문가로서의 역할을 담당할 핵심 요원 양성이 주요 목표였다.

프로그램의 운영 결과, 교사들의 참여 및 지속률이 높아졌으며 교

육과정에 있어서의 전략적 변화가 일어났고 학교개혁에 있어 교사
가 주도적인 위치를 차지해 가는 모습도 나타났다. 그리고 NBPTS
기준을 통과하는 우수교사의 수가 증가하였으며 프로그램에 대한
구성원들의 만족도도 증가하였고 교사양성 과정에서의 멘토로서의
역량도 향상된 것으로 나타났다.

4) 선도적 역할을 담당하는 교사들에 대한 교사리더십 개발

선도적 역할을 담당하는 교사들에 대한 교사리더십 개발도 다양하
게 이루어지고 있다. 예를 들어, 2001~2002년도에 미국 Washington
주의 Northwest Educational Service District를 중심으로 TLP
(Teacher Leadership Project) 프로그램이 운영된 바 있다(Brown &
Rojan, 2002). 이 프로그램은 교육공학 기술을 학교 교육과정에 적용
시킬 목적으로 교사들을 선발하여 교육공학 기술 활용을 돕는 리더
십을 길러 주는 프로그램이었다.

이 프로그램에서는 교사들로 하여금 교육공학 기술 활용과 관련
하여 학교 및 학교구의 교육과정을 돕고 지원하도록 하였으며, 교
사 스스로 교육공학 기술을 활용하여 교육활동을 계획하고 실행
할 수 있도록 지원해 주는 데 초점을 맞추었다. 이 프로그램에서는
2001~2002학년도에 총 2,400여명의 교사들을 훈련시켰는데, 프로
그램 운영 결과 각 교실에서 교육공학 기술 활용능력이 향상되었으
며 교사들의 자기주도적·협력적 교수 태도 또한 향상된 것으로 나
타났다. 그리고 학생들의 학습동기 또한 향상되었으며 교사들 사이
의 지식 및 전문성 공유도 크게 개선된 것으로 나타났다. 하지만 교

사 전문성 향상을 위한 지속적인 교육훈련, 장비지원에 따른 재정 문제, 교육과정 개발 문제 등이 과제로 드러났다.

5. 교육개혁의 대안으로서 교사리더십

외국의 사례들은 이론적으로 뿐만 아니라 실제적으로도 교사리더십이 학교의 변화를 이끌고 학교 발달을 도모하기 위한 핵심 요소임을 보여 주고 있다(Bolman & Deal, 1992; Brown & Rojan, 2002; Danielson, 2006; Day & Harris, 2003; Hargreaves & Fullan, 2012). 이러한 사례들은 앞으로 우리나라에서도 교육개혁을 성공적으로 이끌고 교육 발전을 이루기 위해서 교사리더십에 좀 더 적극적인 관심을 기울여야 함을 시사해 주고 있다. 제도의 변화가 아니라 교사의 변화가 교육개혁의 핵심 관건임을 여러 사례가 공통적으로 보여 주고 있다. 우리나라의 경우 세계적으로 가장 우수한 교사 자원을 확보하고 있으면서도(McKinsey & Company, 2010) 이를 충분히 활용하지 못하고 있다(김병찬, 2017b; 엄기호, 2014; 윤정일, 이훈구, 주철안, 2004). 이것이야말로 엄청난 국가적 낭비가 아닐 수 없다.

세계는 이미 교육개혁의 대안으로서 교사리더십에 크게 주목을 하고 있다. 우리나라에서도 진정한 교육개혁의 성공을 위해서는 교사리더십에 큰 관심과 노력을 기울일 필요가 있다.

제4장

교사리더십을 함양하기 위해 어떤 역량을 길러야 하는가

앞서 제2장의 교사리더십 개념 규정에서 언급한 것처럼 교사리더십은 '교사들이 학교에서 교육목표 달성을 위하여 수업지도, 생활지도, 학급운영, 동료교원관계, 행정업무, 학부모관계 등의 영역에서 학생, 동료교원, 학부모 등에게 발휘하는 목표지향적 · 공동체적 · 과업주도적 · 전문적 영향력'이라고 할 수 있다. 그렇다면 교사들이 이러한 교사리더십을 갖추기 위해 어떤 노력을 해야 할까? 교사리더십은 노력을 통해 얼마든지 갖출 수 있다. 왜냐하면 교사리더십은 타고나는 것이 아니고 만들어지고 개발될 수 있기 때문이다(Katzenmeyer & Moller, 2009). 그동안 교사리더십에 관한 수많은 논의가 있었는데 대부분 공통된 결론은 교사리더십은 타고나는 것이 아니며 개발될 수 있다는 것이었다(Lieberman & Miller, 2004; Murphy, 2005; Stogdill, 1974; Wasley, 1991). 즉, 교사리더십은 당사자의 노력과 주변의 도움이나 지원을 통해 얼마든지 길러질 수 있다(Hargreaves & Fullan, 2008).

실제로 교사리더십 함양을 위해 교사 차원의 노력뿐만 아니라 학교 차원, 교육청 차원, 또한 국가 차원에서도 다양한 노력이 이루어지고 있다(서울특별시교육청, 2017; 세종특별자치시교육청, 2018; 익산교육지원청, 2017; 전국교직원노동조합, 2017b; 좋은교사운동, 2018; 한국교원단체총연합회, 2018c). 대학 차원에서도 교사리더십 함양을 위한 노력이 이루어지고 있는데, 구체적으로 일부 대학에서는 대학원 과정에서 교사리더십 전공을 설치하여 교사리더십 함양을 도모하고 있기도 하다(경희대학교, 2018; Concordia University, 2017).

교사리더십을 함양하기 위해서는 구체적으로 무엇을 어떻게 길러 주어야 하는가? 이와 관련하여 교사리더십 함양 프로그램마다 다양한 지향과 목표가 있지만 아직 뚜렷하게 합의된 것은 없다. 각 기관마다 나름대로 필요하다고 여기는 것들을 목표로 삼아 교사리더십 함양을 위한 다양한 노력을 기울이고 있다(서울특별시교육청, 2017; 전국교직원노동조합, 2017b; 좋은교사운동, 2018). 어떤 합의된 지향이나 목표 없이 다양하게 교사리더십 함양 노력이 이루어지고 있는 것은 어찌 보면 자연스러운 현상이기도 하다. 왜냐하면 교사리더십 개념 자체가 매우 포괄적이어서 어느 측면에 초점을 두느냐에 따라 다양한 접근이 가능하기 때문이다(Simkins, 2005).

실제로 교사리더십 함양 및 개발을 위한 프로그램들을 보면 그 구성이나 내용이 상당히 다양하다. 그런데 이 프로그램들은 대체적으로 교사리더십의 핵심 요소를 설정하여 그것을 개발·형성시키려고 하기보다는 리더십과 관련 있는 주제를 모아 교사리더십 함양 프로그램을 백화점식으로 구성하여 운영하고 있다(서울특별시교육청,

2017; 세종특별자치시교육청, 2018; 익산교육지원청, 2017; 전국교직원노동조합, 2017b).

그런데 이러한 주제를 모아 나열하는 백화점식 접근은 장단점이 있다. 교사리더십과 관련된 다양한 것을 다루기 때문에 포괄적이고 종합적이라는 측면에서는 장점이라고 할 수 있지만, 너무 다양한 나머지 초점이 분명하지가 않고 다루는 내용도 깊이가 부족하여 피상적이라는 점에서는 한계가 있다(오찬숙, 2016; 이혁규, 2015; 정성식, 2014). 따라서 교사리더십 함양과 관련하여 핵심 요소를 중심으로 좀 더 체계적이고 깊이 있는 접근 또한 필요하다.

이런 맥락에서 이번 장에서는 교사리더십 핵심 요소를 교사리더십 역량으로 보고 교사리더십을 갖추기 위해 필요한 교사리더십 역량에 대해 논의하고자 한다. 교사리더십 발휘를 위해 필요한 역량이 갖추어 진다면 모든 교사가 좀 더 원활하게 교사리더십을 구현할 수 있을 것이다.

이 장에서는 교사리더십 역량을 두 가지 기반을 토대로 도출하였다. 하나는 선행연구 분석이고 다른 하나는 실제 사례 분석이다. 선행연구 분석에서 나타난 교사리더십 역량에 대해 살펴보면, 우선 Danielson(2006)은 자기주도적 결정역량, 판단역량, 협동역량, 목표지향성, 전문성 등을 교사리더십 역량으로 보았으며, Murphy(2005)는 촉진역량, 문제해결역량, 협동역량, 목적의식 등을 교사리더십 역량으로 보았다. 또한 Katzenmeyer와 Moller(2009)는 협동역량, 주도적 역량, 전문성 등을 교사리더십 역량으로 보았고, Suranna와 Moss(2002)는 협동역량, 참여역량, 주체성, 적극적 의지 등을 교사리더십 역량으로 보았다. 한편, Kouzes와 Posner(2010)는 공유역량, 배려역량, 촉진역량, 도전 의지 등이 교사리더십 역량이 될 수 있다고 주장하였으며, Smylie와 Denny(1990)는 교사리더에게 촉진역량, 소통역량, 촉매역량, 지원역량 등이 필요하다고 주장하였다. 이와 같이 선행연구에서 교사리더십 역량은 매우 다양하게 제시되고 있다.

한편, 실제 사례 분석을 통해서도 교사리더십 역량이 드러나고 있다. 예를 들어, Lieberman과 Miller(2004)는 미국에서 교사리더십 발휘 다섯 사례 분석을 통해 이해역량, 자기주도역량, 소통역량, 전문성역량, 성찰역량 등의 교사리더십 역량을 밝혀낸 바 있다. 한편, 한국에서 교사리더십 발휘 사례를 분석한 정광희 등(2007)의 연구에서는 문제해결역량, 관계역량, 반성적 성찰역량, 목적의식 등이 교사리더십 역량임을 밝혀낸 바 있다. 또한 김병찬과 윤정(2015)의 연구에서는 교사리더십을 발휘하는 교사에게는 도전 정신, 생각하는 습관, 철학 등의 역량이 있는 것으로 나타났으며, 김병찬과 조민지(2015)의 연구에서는 개인의 내적 역량과 아울러 독서를 바탕으로 한 철학역량이 교사리더십의 주요 역량임을 밝혀냈다.

이 장에서는 이러한 여러 선행연구와 실제 사례 분석을 토대로 교사리더십 역량 다섯 가지를 도출하였는데, 이해역량, 소통역량, 촉진역량, 성찰역량, 철학역량이다. 이 다섯 가지 역량은 여러 선행연구를 통해 이론적으로도 교사리더십 역량으로 정리되고 있을 뿐만 아니라 실제 사례 분석에서도 교사리더십을 발휘하는 교사들에게서 나타난 공통된 역량이었다. 이 다섯 가지 역량에 대해 좀 더 구체적으로 살펴보고자 한다.

1. 이해역량

교사가 리더십을 발휘하기 위해 필요한 역량 중의 하나가 이해역
량이다(Lieberman & Miller, 2004). 이해역량은 상대방에 대해 아는
것을 의미한다. 이해의 수준은 피상적인 앎에서부터 깊이 있는 앎
에 이르기까지 매우 다층적이다. 상대방과 좀 더 의미 있는 관계를
맺기 위해서는 피상적인 앎이 아닌 깊이 있고 종합적인 앎이 필요
하다.

교사가 리더십을 발휘하기 위해서는 교육활동을 함께하는 모든
대상에 대해 이해할 수 있는 이해역량을 갖추고 있어야 한다. 교사
의 리더십 발휘는 기본적으로 상대방에 대한 이해에서 시작된다(김
영태, 1999; Lieberman & Miller, 2004). 리더십 발휘를 통해 영향력을
행사하기 위해서는 상대방에 대한 정확하고 깊이 있는 이해가 필
요한 것이다. 그 어떤 경우에도 학생, 동료교사, 학부모 등에 대한
이해가 부족하면 제대로 가르치기도, 영향력을 행사하기도 어렵다
(Danielson, 2006). 따라서 교사의 교육활동 및 교사리더십 발휘의
성패는 교사가 학생 및 교육활동을 함께 하는 구성원을 얼마나 이해
하고 있느냐에 달려 있다고 해도 과언은 아니다(김영태, 1999; 김정
원, 신철균, 2014). 그러므로 교사가 리더십을 발휘하여 교육활동을
잘 수행하기 위해서는 반드시 이해역량을 갖추고 있어야 한다. 교
사가 리더십을 발휘하기 위해서는 기본적으로 학생, 동료교원, 학부
모, 교육 환경과 맥락 등에 대한 이해가 필요하다.

1) 학생에 대한 이해

우선 교사가 교사리더십을 발휘하기 위해서는 학생에 대한 이해가 필요하다. 교사는 학생을 통해 교육목표를 이루기 때문에 교사가 리더십을 발휘해야 할 가장 중요한 대상은 학생이다(이홍우, 2008). 학생에 대한 리더십을 발휘하기 위해서는 우선적으로 학생에 대해 이해할 수 있어야 한다. 교사는 학생들이 교육목표를 달성하도록 돕고 지원하며 촉진하는 역할을 하는 사람이다. 이러한 역할을 위해서 교사에게 리더십이 필요하고 이 리더십 발휘는 바로 학생에 대한 이해에서부터 시작된다(Lieberman & Miller, 2004).

우선 학생과 관련하여 교사는 학생의 정서와 심리에 대해 깊이 있게 이해할 수 있어야 한다. 학생들이 어떤 심리와 정서 상태에 있는지에 대해 파악해서 그 기반 위에서 리더십을 발휘해야 한다. 또한 교사가 학생에 대해 리더십을 발휘하기 위해서는 학생들의 지적 역량도 이해할 필요가 있다. 즉, 학생이 어떤 지적 역량과 수준에 있는지를 파악해서 그에 적합한 리더십을 발휘해야 한다. 아울러 학생의 성격, 성향에 대해서도 이해할 필요가 있다. 학생의 학습 및 교육활동에 그 학생의 성격, 성향도 중요한 역할을 미치기 때문이다(이인규 외, 2017).

그리고 교사가 학생에 대해 리더십을 발휘하기 위해서는 학생의 가정 배경과 환경에 대한 이해도 필요하다(이종각, 2014). 그 학생의 교육활동에는 학생 개인의 특성뿐만 아니라 가정을 포함한 환경적 요인도 영향을 미치기 때문에 그 학생에 대해 리더십을 발휘하기 위해서는 그 학생의 성장 배경과 환경에 대해 이해하는 것도 매우 중요하다. 교사가 학생에 대한 이해가 부족하면 제대로 된 리더십을 발휘하기도 어렵고 학생들을 잘못 가르칠 가능성도 크다. 이와 같이 교사가 리더십을 발휘하여 학생을 잘 이끌어 가기 위해서는 학생에 대한 이해역량을 갖추고 있어야 한다.

2) 동료교원에 대한 이해

동료교원 역시 교사리더십 발휘의 주요 대상이다(Danielson, 2006). 따라서 교사가 동료교원에 대해 리더십을 발휘하기 위해서는 동료교원에 대한 이해가 필요하다. 과거에는 교사들이 각자 교실에서 혼자 수업하는 것이 대부분이었기 때문에 동료교원과의 협력이나 공동 과업 수행 기회는 많지 않았다(서경혜, 2015; 윤정 외, 2017). 하지만 최근 교육 패러다임의 변화로 인해 동료교원을 포함한 학교 구성원과 함께하는 다양한 활동이 확대되고 있으며, 동료교원과 함께 어울려 교육활동을 수행해 나가는 공동체역량이 교사로서 성공의 관건이 되고 있다(박은실, 2002; 윤정일, 이훈구, 주철안, 2004; Katzenmeyer & Moller, 2009).

예를 들어, 이미 상당히 많은 교사가 참여하고 있는 전문가학습공동체(professional learning community)가 대표적인 사례이다. 교사 공동의 학습 모임인 전문가학습공동체를 통해 많은 교사가 전문성 향상뿐만 아니라 수업 향상 등에서 큰 성과를 거두고 있다(곽영순, 2016a; 서경혜, 2015; 오찬숙, 2016). 이러한 학습공동체 참여는 교사들에게 전문성 향상 및 교육활동 성공의 중요한 기반이 되고 있다. 그리고 이러한 학습공동체 외에도 교사가 교육활동을 수행하는 과정에서 동료교원과 협력 및 협동을 해야 할 상황이 더욱 많아지고 있다(김순남, 2016; 조윤정, 배정현, 2015; Stoll, Bolam, McMahon, Wallace, & Thomas, 2006). 따라서 동료교원과 협력관계를 잘 구축하고 유지해 나가기 위해서는 리더십이 필요한데, 이러한 리더십을 발휘하기 위해서는 동료교원에 대한 이해가 핵심 기반인 것이다.

교사가 동료교원에 대해 이해하기 위해서는 우선적으로 동료교원의 심리와 정서, 특성 및 상황, 환경 맥락 등에 대한 이해가 필요하고, 동료교원의 욕구와 동기에 대해서도 이해할 필요가 있다(Katzenmeyer & Moller, 2009). 동료교원은 교육전문가로서 교육활동에 대한 나름대로의 욕구와 동기를 가지고 있다(김영태, 1999; Danielson, 2006). 이러한 욕구와 동기는 직간접적으로 그들의 교육활동에 반영되며 영향을 미친다. 따라서 동료교원과 함께 다양한 관계를 맺고 교육활동을 수행해 나가기 위해서는 동료교원의 욕구, 동기에 대한 이해가 필요한 것이다. 아울러 동료교원과 함께 교육활동을 이루어 나가기 위해서는 동료교원의 교육철학과 비전에 대해 이해도 필요하다. 모든 교사는 나름대로의 철학과 비전을 가지고 있고 이러한 철학과 비전은 각자 교육활동 및 동료교원과의 관계에 중요한 영향을 미친다. 따라서 동료교원을 대상으로 리더십을 발휘하기 위해서는 동료교원이 가지고 있는 교육철학에 대한 이해 또한 필요한 것이다. 이와 같이 동료교원에 대해 교사리더십을 발휘하기 위해서는 동료교원에 대한 이해는 매우 중요한 기반이다.

3) 학부모에 대한 이해

학부모 또한 교사리더십 발휘의 주요 대상이고, 학부모에 대해 교
사리더십을 발휘하기 위해서도 학부모에 대한 이해가 필요하다. 대
체로 우리나라 교사들은 지금까지 학부모에 대해 상당히 소극적이
었다(박미향 외, 2017; 한영진, 2014). 학부모회 구성 등 꼭 필요한 경
우를 제외하고는 학부모와 만나는 것을 꺼려하는 것이 우리나라 교
사들의 정서이기도 하다(김혜숙, 최동옥, 2012; 서울대학교 학부모정책
연구센터, 2014; 한영진, 2014).

학교공동체는 단순히 교사와 학생만의 공동체를 의미하지 않는다
(안창선, 2012). 학교공동체는 학부모, 지역사회까지 포함하는 넓은
개념이다(이종각, 2014). 그리고 이처럼 넓은 개념의 학교공동체는
앞으로 더욱 활성화될 것이며(이중현, 2017; 서울형혁신학교학부모네
트워크, 2014) 학부모의 학교 참여도 증대될 것이다(서용선 외, 2016;
서울대학교 학부모정책연구센터, 2014; 정진화, 2016). 따라서 교사들도
학부모를 소극적으로 대하던 자세에서 벗어나, 학부모를 교육 파트
너로 받아들이고 교육의 동력으로 삼을 수 있어야 한다.

교사들이 학부모에 대해 리더십을 발휘하기 위해서는 학부모에
대한 이해가 필요하다. 학부모를 이해하기 위해서는 우선 학부모
성향을 알아야 한다. 학부모는 학교, 지역 특성에 따라 성향이 매우
다양하다(이종각, 2014). 교사는 자신의 학교, 학급의 특성과 아울러
그 학교, 학급의 학부모 특성 및 성향도 제대로 알아야 교육을 잘 수
행할 수 있다(정진화, 2016). 아울러 학부모에게 교사리더십을 발휘

하기 위해서는 학부모들의 욕구, 필요, 동기 등에 대해서도 잘 알 필요가 있다. 자녀를 학교에 보낸 학부모는 본인들의 자녀에 대한 특별한 욕구, 필요, 동기 등을 가지고 있다. 이러한 학부모의 욕구, 필요, 동기 등에 대한 이해는 학부모를 대상으로 한 교사리더십 발휘의 중요 기반이 된다.

이제 교사들이 교육활동을 수행함에 있어 학부모와 함께해야 하는 시대를 맞이하고 있다(서울대학교 학부모정책연구센터, 2014; 서울형혁신학교학부모네트워크, 2014; 한영진, 2014). 따라서 교사는 학부모와의 관계를 부담스러워 하지 말고 오히려 적극적으로 받아들여야 한다. 그렇게 하기 위해서는 학부모에 대한 지금까지의 소극적 · 수동적 자세에서 벗어나 능동적으로 받아들이고 학부모를 대상으로 적극적인 리더십을 발휘할 수 있어야 한다. 이러한 학부모에 대한 리더십 발휘의 출발점이 바로 학부모에 대한 이해이다.

4) 교육 환경과 맥락 이해

교사가 리더십을 발휘하기 위해서는 학생, 동료교원, 학부모에 대한 이해뿐만 아니라 학교 관리자에 대한 이해, 학교 상황과 맥락에 대한 이해, 지역사회에 대한 이해 등 다양한 차원의 이해 또한 필요하다. 우선 교사의 교육활동은 교장, 교감 등 학교관리자와 밀접하게 관련되어 있다. 따라서 교사는 교육활동을 수행하면서 학교관리자와 적절한 관계를 유지해 나갈 수 있어야 한다. 학교관리자와의 관계를 잘 유지해 가려면 학교 관리자의 성향, 특성, 교육철학 등에 대한 이해가 필요하다.

또한 교사리더십을 발휘하기 위해서는 학교 상황과 맥락에 대한 이해 역시 중요하다. 교사의 교육활동은 각 학교의 상황과 맥락 속에서 이루어지는 활동인데 각 학교는 그 학교의 독특한 상황과 맥락이 있다(이성대, 2015). 각 학교의 상황과 맥락은 구성원의 활동에도 큰 영향을 미치기 때문에 교사가 리더십을 발휘하기 위해서는 이러한 학교의 상황과 맥락에 대한 이해가 필요한 것이다. 나아가 교사가 리더십을 잘 발휘하기 위해서는 상급행정기관인 교육청 및 교육부에 대한 이해, 그리고 국가 교육정책 및 제도에 대한 이해도 필요하다. 이와 같이 교사가 교육활동을 수행하며 리더십을 발휘하기 위해서는 학생, 동료교원, 학부모 등에 대한 이해뿐만 아니라 학교 및 학급의 맥락과 상황, 환경 등에 대한 이해도 충분히 갖추고 있어야 한다.

2. 소통역량

교사가 교사리더십을 발휘하기 위해서는 이해역량과 아울러 소통역량도 갖추고 있어야 한다(오우식, 2017). 소통은 자신의 뜻과 의견, 말을 상대방에게 전달하고, 상대방의 뜻과 의견, 말을 파악하여 원활하게 상호작용하는 상호작용역량, 인간관계역량이다(강준만, 2017). 인간관계에 있어 상당히 많은 갈등, 불화, 다툼의 주요 원인 중의 하나가 바로 이 소통 부족에 있기도 하다(김영임 외, 2016; 김창옥, 2013). 자신의 뜻을 정확하게 전달하지 못한다면 상대방이 오해를 하게 되고, 오해에 근거해 판단하고 행동하면 갈등이나 불화, 또는 잘못된 결과를 낳는다. 따라서 소통은 인간관계에 있어 원활한 상호작용을 위해 갖춰야 하는 매우 중요한 역량이다(정종진, 1991). 교사 또한 리더십을 잘 발휘하여 교육을 성공적으로 이끌기 위해서는 소통역량을 갖추어야 한다. 교사는 기본적으로 학생, 동료교원, 학부모 등과 소통할 수 있어야 한다.

1) 학생과의 소통

교사리더십을 발휘하여 학생을 가르치고 지도하고 안내하기 위해서는 학생과 잘 소통할 수 있어야 한다(정진화, 2016). 그런데 안타깝게도 최근 들어 상당히 많은 학교와 학급에서 교사와 학생 사이에 소통 부족 현상이 나타나고 있다(김정원, 신철균, 2014; 류덕엽, 최성우, 2013; 조규락, 이정미, 2015). 교사는 교사의 세계에 살고, 학생은 학생의 세계에 살면서 서로 소통하지 못하고 단절된 상태에서 서로를 비난하기도 한다(김은주, 2017). 교사들은 "학생들이 도대체 말을 안 들어 무엇을 못 하겠다."라고 하고(김봉섭 외, 2017), 학생들은 "선생님이 답답해 대화하기 싫다."라고 한다(이민영, 2012). 교사와 학생 사이의 이러한 소통의 단절과 부재는 단순한 갈등을 넘어 교육의 실패로 이어질 수 있다(송상호, 2010; 한대동 외, 2009).

교사와 학생 사이에서 소통의 중심 주체는 교사임을 명심할 필요가 있다. 교사와 학생의 관계는 특수하다(Hargreaves, 2003). 교사와 학생 사이는 기본적으로 동등한 1:1의 관계라기보다는 가르치는 자와 배우는 자라는 독특하고 특수한 관계이다(이홍우, 2008). 다시 말해 일반적인 관계에서 소통은 1:1의 동등한 관계를 기반으로 한다.

1:1의 동등한 관계에서는 서로 간에 소통하려는 의지가 있고 함께 노력을 해야 소통이 이루어진다. 이 경우 한쪽에서 소통을 원하지 않거나 소극적이면 소통은 불가능하다. 하지만 교사와 학생 사이의 관계는 다르다. 교사와 학생 사이에서는 학생이 소통을 원하지 않고 소통에 소극적이어도 교사는 학생과 소통을 해야 한다. 학생이 소통을 원하지 않아도 학생과 소통을 해야 하는 것이 교사의 역할인 것이다.

따라서 교사는 잘 따라 주고 잘 호응해 주는 학생들과만 소통하는 것이 아니라, 학생들이 소극적이거나 심지어 거부를 하더라도 그 학생들과 소통을 해야 한다. 왜냐하면 그러한 학생들과 함께 교육목표를 달성해야 하는 것이 교사의 임무이기 때문이다. 학생들과 교육적 관계를 맺고 교육활동을 수행하기 위해서 교사는 그 어떤 학생과도 소통할 수 있어야 한다. 이러한 필요 때문에 일부 교사들은 소극적인 학생에 대해 강압적인 방법으로라도 학생들을 끌고 가려고 하고 소통하려고 하기도 한다(이철웅, 2006; 하승수, 2003). 그런데 그 열정은 이해가 되지만 강압에 못 이겨 학생들을 억지로 따라오도록 하는 것은 소통이 아니며 리더십을 발휘하는 것도 아니다. 학생과의 소통은 쉽지 않은 일이지만, 교사는 교육을 위해 학생과 지속적으로 소통을 해야 한다. 교사리더십 발휘 과정은 바로 학생들과의 소통을 통해 교육목표를 달성해 가는 과정이다.

앞에서 언급한 바와 같이 일반적인 관계에서는 싫어하는 사람, 또는 소통을 원하지 않는 사람과는 소통하지 않고 관계를 끊으면 되지만 교사와 학생 사이는 결코 그럴 수 없다. 교사와 학생 사이의 관계는 그 어떤 경우에도 그 관계가 단절되어서는 안 되며 교사는 결코 학생을 포기해서도 안 된다. 그것이 국가로부터 교육을 위임받은 교사의 책임이다(하승수, 2003; 한유경 외, 2018). 그렇다면 교사는 어떻게 해야 할까? 우선 소통의 개념을 확대시켜야 한다. 당사자 사이의 상호 존중, 교류, 이해의 과정으로서의 소통에서 그러한 관계를 만드는 과정까지의 소통으로 그 범위를 넓혀야 한다(김창옥, 2013; 오우식, 2017). 즉, 교사는 학생과 소통이 안된다고 해서 포기하지 말고 학생과 소통할 수 있도록 여건과 환경도 만들 수 있어야 하고, 소통할 수 있을 때까지 학생을 설득하고 안내할 수 있어야 하는데, 이 노력의 과정도 소통이라는 것이다. 교사는 이러한 노력을 통해 모든 학생과 소통할 수 있어야 하는데, 소통이 잘되는 학생들과는 적극적 관계를 맺어 교육적 효과를 극대화시킴과 동시에 소통이 잘 안되는 학생이라고 하더라도 포기하지 않고 적극적으로 소통의 관계를 만들어 나가야 한다.

그러면 어떻게 학생들과 소통의 관계를 만들어 갈 수 있을까? 학생들과 소통하기 위한 다양한 방법에 대해서는 이미 많이 알려져 있으므로(선태유, 2016; 이광석 외, 2016; 이민영, 2012; 이철웅, 2006) 조금만 찾아본다면 얼마든지 찾을 수 있다. 교육청, 연수기관 등 공공기관 뿐만 아니라 각종 교육단체, 사설기관 등 수많은 기관에서 소통 방법에 대한 다양한 프로그램을 마련하여 운영하고 있다(전국교직원노동조합, 2018b; 좋은교사운동, 2019b; 한국교원단체총연합회, 2018b). 최근에는 오프라인 프로그램뿐만 아니라 각 교원단체의 원격연수원을 비롯하여 여러 기관에서 소통역량 함양을 위한 다양한 온라인 프로그램을 운영하고 있기도 하다. 이와 같이 교사들이 배울 기회는 '널려 있다'고 해도 과언은 아니다. 다만 한 가지 명심해야 할 것은 이러한 연수 프로그램이 소통역량을 기르는 데 도움이 되는 것은 사실이지만 프로그램을 이수했다고 해서 곧바로 소통이 잘되는 것은 아니라는 것이다. 어떤 연수를 받든 교사가 각자의 학교와 교실에서 적극적으로 적용·응용해 가면서 자신의 소통 방법을 찾아 나갈 때 비로소 소통역량이 길러지는 것이다. 궁극적으로 '소통역량 함양은 교사 자신에게 달려 있다'는 이야기이다(선태유, 2016). 소통하고자 하는 교사 자신의 적극적인 의지와 노력이 중요한 것이다. 학생들과의 소통을 위해 적극적인 의지를 가지고 노력하는 교사에게는 소통역량 함양을 위한 다양한 연수나 프로그램이 도움이 되지만, 적극적인 의지와 노력이 부족한 교사에게는 소통역량 함양을 위한 그 어떤 연수나 프로그램도 큰 도움이 되지 않는다.

그리고 또 한 가지 명심해야 할 것은 어떤 교사에게 잘 맞는 소통 방법이 다른 교사에게는 맞지 않을 수 있다는 점이다. 소통과 관련하여 큰 성과를 거둔 좋은 방법이 해당 교사에게는 맞는 방법일지 모르지만 모든 교사에게 맞는 것은 아니다. 오히려 다른 교사에게는 맞지 않는 것이 더 자연스러울 수도 있다. 왜냐하면 소통 방법과 관련하여 대상과 환경이 다른 상황에서는 아무리 좋은 소통 방법도 동일하게 작동하지 않을 수 있기 때문이다. 그러므로 학생들과 소통을 위한 다양한 방법을 익히되, 단지 그 방법에만 매몰되지 말고 본인이 가르치는 학생들의 여건과 환경에 맞는 소통 방법을 만들어 나가야 한다. 소통에 있어 '만병통치약'과 같은 방법은 없으며 교사 스스로 자신의 학생들에게 맞는 방법을 찾고 개발해야 한다(이경숙, 2017). 학생과 소통하겠다는 의지가 뚜렷하다면 교사들은 얼마든지 학생과 소통할 수 있는 방법을 만들어 내고 찾아낼 수 있다(정영근, 2011; 정진화, 2016). 그리고 학생들과의 소통은 특별한 방법이나 기법을 필요로 하는 것이 아니라 학생의 마음을 얻는 작은 일에서부터 시작된다는 것 또한 명심할 필요가 있다(강진령, 2015). 그 학생에 대해 가장 잘 아는 사람은 외부전문가가 아니고 학생을 맡고 있는 교사 자신이기 때문에, 학생의 마음을 얻는 것도 그 교사가 가장 잘 할 수 있다.

　물론 소통을 위해서는 더 넓은 마음과 인내심이 필요하다. 단절된 관계는 결코 하루아침에 회복될 수 있는 것이 아니기 때문이다. 교사는 학생에 대한 믿음과 신뢰를 가지고 인내하면서 지속적으로 소통을 위한 노력을 해 나가야 한다. 이 과정에서 교사들이 답답함과 마음의 상처를 겪을 수도 있으나, 이는 인내하며 감당해야 할 교사의 몫이다(이민영, 2012). 그리고 대체로 이 과정을 거쳐야 학생이 변화되고 소통의 관계도 만들어진다(강진령, 2015; 박한숙, 정태근, 2017). 노력과 인내, 기다림의 과정을 거쳐야 학생과의 소통도 이루어지는 것이다(Lieberman & Miller, 2004). 때로는 힘들고 어렵기도 하겠지만 교사가 학생들을 지도하며 리더십을 발휘하기 위해서는 기본적으로 학생들과 소통할 수 있는 역량을 갖춰야 한다. 학생들과 소통하지 못하면 교사의 교육활동도, 교사리더십 발휘도 결코 제대로 이루어질 수 없다.

2) 동료교원과 소통

동료교원에 대한 리더십 발휘를 위해 소통역량을 갖추는 것 또한 매우 중요하다. 과거뿐만 아니라 현재에도 교원 사이의 문제점 중의 하나는 소통의 부족이다(권민정, 김경숙, 2008; 김병찬, 임종헌, 2017; 이상철, 주철안, 2007; Katzenmeyer & Moller, 2009). 대체로 교원 사이에 소통이 많지도 않고 원활하지도 않다는 것이다(권재원, 2017; 정행남, 최병숙, 2013). 왜 교원 사이에는 소통이 부족한 것일까? 우선 구조적인 문제에 그 원인이 있다(Hargreaves, 1994). 교원들은 본인이 맡은 학급과 교과가 있는데, 학급과 교과지도는 대부분 교원의 개인적 과업이다. 간혹 팀티칭 등의 방법이 사용되고 있기는 하지만 대부분은 교원 혼자 자신의 수업과 학급을 맡는다. 이러한 과업 수행의 전형적 틀이 바로 칸막이 교실이다. 즉, 교원들은 교실이라는 견고하게 분리된 공간에서 각자 맡은 학생들을 가르친다. 따라서 대부분의 교원은 다른 교원들이 어떻게 수업하고 어떻게 학생지도를 하는지 잘 모르며, 잘 알려고 하지도 않는다(권재원, 2016; 김찬호 외, 2018). 이러한 상황에서 소통이 활성화되기는 어려울 것이다.

그리고 교실 이외의 공간에서도 동료교원들이 서로 소통할 기회는 많지 않은 편이다(엄기호, 2014; 오찬숙, 2016). 직원회의를 비롯한 대부분의 회의는 형식적이며 원활한 소통의 장이 되지 못하고 있고 교원 사이의 관계에 있어서도 대체로 형식적인 관계에 그치는 경우가 많다(박진환 외, 2013; 엄기호, 2014). 최근 들어 이러한 문제를 해결해 보고자 교원 사이의 소통을 활성화시키기 위한 다양한 노력이 이루어지고 있기는 하다(이성대, 2015; 이중현, 2017; 한희정, 2015). 특히 '전문가학습공동체(professional learning community)'는 교원 사이의 협의와 협력, 공동의 노력 및 소통을 통해 전문성을 향상시키려는 대표적인 사례이다(서경혜, 2015). 이를 통해 교원 사이에 소통이 늘어나고, 상호 학습을 통해 전문성이 증대되는 등 긍정적인 결과가 나타나고 있다(조윤정, 배정현, 2015; 이승현, 한대동, 2016; 이승호 외, 2015; 이준희, 이경호, 2015). 하지만 아직은 많은 교원이 참여하는 수준은 아니며 부작용 또한 없지 않다(윤정 외, 2017).

점차 교원들의 과업이 더욱 복잡해지고 학교 및 교원들의 자율이 확대되면서 교원 사이의 협력과 소통의 중요성은 더욱 커지고 있다(Wasley, 1991; Whitaker, 1995). 따라서 이제는 학교에서 혼자 열심히 해 나가는 교원보다 동료교원들과 함께 협력하고 소통하면서 과업을 수행해 나가는 교원이 훨씬 더 성공할 가능성이 높다(서경혜, 2015; Lieberman & Miller, 2004). 이와 같이 동료교원과의 협력활동 증가는 동료교원에 대한 리더십 발휘의 필요성을 더욱 높여 주고 있으며, 교사리더십 발휘를 위해서는 반드시 동료교원과의 소통역량을 갖추고 있어야 한다.

3) 학부모와의 소통

학부모 역시 교사리더십 발휘의 주요 대상인데, 학부모에 대한 리더십 발휘를 위해서도 소통은 매우 중요하다(권형자 외, 2017; 이종각, 2014). 그런데 앞에서 언급한 바와 같이 우리나라 교사는 학부모와의 소통에 대체로 소극적인 편이다(박미향 외, 2017; 안창선, 2012).

교사가 학부모와 소통하지 않고 협력하지 않으며 소극적인 관계에 있으면 효과적인 교육활동을 수행하기 어려울 수 있다(이종각, 2014). 교사는 교육활동을 더 잘 수행하기 위해 학부모에게 적극적으로 다가가 소통할 수 있어야 한다. 교사는 책임을 지고 리더십을 발휘하여 교육을 이끌어 가야 하는데, 이 과정에서 학부모를 교육동력으로 삼을 수 있어야 한다(이종각, 2014).

교육 패러다임의 변화에 따라 이제 교사들은 교실 문을 넘어 끊임없이 주변 환경과 소통하고 협력할 수 있어야 한다(류태호, 2017; 안병영, 하연섭, 2015). 특히 학부모와의 협력은 원활한 교육활동 운영 및 교육목표 달성을 위해 더욱 중요해지고 있다. 학부모와의 협력을 위해서는 교사리더십이 매우 중요한데, 이러한 리더십 발휘를 위해 학부모와 소통할 수 있는 소통역량을 갖춰야 한다.

3. 촉진역량

교사리더십을 발휘하기 위해서는 촉진(facilitation)역량도 갖추고 있어야 한다(Katzenmeyer & Moller, 2009). 촉진역량은 과업 수행 과정에서 상대방에게 동기를 부여하고 격려하며 자극해 주는 역량이다(오우식, 2017). 교육을 책임지고 있는 교사는 모든 학생들의 학업 및 성장을 촉진할 수 있어야 한다. 교사는 성적이 좋고 잘 따라오는 상위권 학생들만 촉진하는 것이 아니라 성적이 낮고 잘 따라오지 못하는 하위권 학생들도 촉진할 수 있어야 한다. 이렇게 보면 교사의 촉진 대상이 아닌 학생은 없다. 교육의 목표 중의 하나가 학생의 잠재역량 개발이라고 할 때(이돈희, 1983), 교사는 예외 없이 모든 학생의 잠재역량을 개발 · 촉진시켜 줄 수 있어야 한다.

1) 동기유발

교사리더십 발휘 과정에서 교사의 학생에 대한 촉진 기제 중 대표적인 것이 동기유발이다(신희경 외, 2009; 정종진, 1991). 동기유발은 학생들로 하여금 적극적으로 교육활동에 참여할 수 있도록 의욕과 의지를 자극해 주는 것이다(이경숙, 2017). 수업이든, 특별활동이든 그 어떤 교육활동도 학생들의 동기가 유발되지 않으면 교육활동의 성공은 물론이고 수행 자체가 어려울 수 있다. 이런 경우 많은 교사는 '억지로 끌고 가거나', '강제적으로', '마지못해' 끌고 가기도 하고, 또 때로는 '포기'하기도 한다(신희경 외, 2009; 엄기호, 2014; 이인규 외, 2017; Kouzes & Posner, 2010). 이렇게 되면 교육은 실패할 수밖에 없다.

수업지도, 생활지도, 특별활동, 방과 후 활동 등 모든 교육활동에서 교사가 리더십을 발휘하여 교육을 이끌어 가기 위해서는 기본적으로 학생들의 동기를 유발시킬 수 있어야 한다. 학생들의 교육활동 중 그 어느 하나도 동기유발이 필요하지 않은 교육활동은 없다(이경숙, 2017; 이철웅, 2006). 따라서 학생들의 동기를 유발시키는 일은 교사들의 교육활동 중 핵심 과업이라고 할 수 있다. 학생들로 하여금 교육활동에 참여하게 하고 주체적으로 지식을 구성해 가도록 돕고 지원하며 안내하는 교사리더십 발휘 과정의 핵심이 바로 동기유발이다.

그렇다면 어떻게 교사에게 동기유발역량을 길러 줄 수 있을까? 우선 교사는 학생의 동기를 유발시키는 방법을 배우기에 앞서 학생의 동기를 유발시키고자 하는 확고한 의지와 자세를 가져야 한다 (Fullan, 2005). 동기유발의 가치와 의미에 대해 충분히 이해하고 학생의 동기를 유발시키고자 하는 강한 목적의식을 가지고 있어야 한다. 모든 교육활동의 관건은 교사가 얼마나 학생에 대한 동기유발 의지를 가지고 있느냐에 달려 있다고 해도 과언이 아니다(김봉섭 외, 2017; 류태호, 2017; 박한숙, 정태근, 2017). 방법적인 것은 그 다음의 문제이다. 교사가 학생의 동기를 유발시키고자 하는 확고한 의지를 가지고 있다면 방법을 얼마든지 찾을 수 있다. 교사가 맡은 학생의 상황, 필요에 맞는 한마디의 조언을 해 주는 것도 얼마든지 학생의 동기유발로 이어질 수 있다. 교사들이 방법을 몰라 학생의 동기가 유발되지 않는 것이 아니라 학생 동기유발에 대한 관심과 의지 부족이 가장 큰 원인이다(이중현, 2017; Danielson, 2006; Fullan, 2005). 따라서 교사는 모든 교육활동에 있어 학생의 동기를 유발시키겠다는 적극적인 의지와 마음 자세를 가질 필요가 있다. 교사가 학생의 동기를 유발시키겠다는 적극적인 자세와 의지를 갖는 것만으로 이미 절반은 성공한 것이다(Hargreaves & Fullan, 2012). 학생에 대한 교사 리더십 발휘의 핵심 관건이 학생의 동기유발임을 명심하고, 학생의 동기유발을 위한 촉진역량을 갖출 필요가 있다.

2) 학생의 욕구와 필요

학생의 동기를 유발시키기 위해서는 학생의 욕구와 필요를 잘 살펴야 한다. 학생의 동기는 그들의 욕구와 필요에서 비롯되는 것이기 때문이다(최현석, 2014). 학생의 욕구를 파악해야 학생의 동기를 촉진시킬 수 있다. 모든 인간은 욕구를 가지고 있으며 학생도 예외가 아니다. 다만 학생의 경우 자신의 욕구를 잘 알 수도 있지만, 잘 모르거나 잘 드러나지 않는 경우도 있다(엄기호, 2014; 이경숙, 2017; 이민영, 2012). 욕구가 드러나지 않아 확인이 되지 않으면 동기유발이 어려울 수 있으므로 교사는 지속적으로 학생들과의 소통을 통해 그들의 욕구와 필요를 확인하고 드러내도록 도와주어야 한다. 이와 같이 교사는 학생의 동기를 유발시키기 위해 학생의 내면에 있는 욕구를 확인하거나 드러내 교육활동과 연계시킬 수 있어야 하며, 아울러 필요한 경우에는 학생의 욕구를 창출해 낼 수도 있어야 한다(류태호, 2017; 이인규 외, 2017). 교육내용이나 교육활동에 따라 학생의 욕구와 관련이 없는 것이 있을 수 있다. 예를 들어, 학생이 잘 알지 못하는 새로운 지식이나 새로운 활동이 교육내용으로 제시될 수 있다. 이러한 경우에는 교사가 학생의 욕구를 창출해 주어야 한다. 새로운 것을 배우는 상황에서는 학생의 욕구를 창출하고 형성해 주는 것 또한 교사리더십 발휘를 위해 교사가 갖추어야 할 중요한 촉진역량이다.

3) 격려와 자극

교사가 리더십을 발휘하는 과정에서 학생이나 상대방을 촉진하기 위해서는 적절한 격려와 자극 또한 필요하다(정종진, 1991). 동기유발이 대체로 어떤 활동이나 과업 수행의 시작 단계의 촉진역량이라면, 격려와 자극은 수행 과정에서의 촉진역량이라고 할 수 있다(Kouzes & Posner, 2010). 학습이나 교육활동에서 학생들이 동기를 가지고 시작했다고 하더라도 끝까지 지속·유지하는 것 또한 쉽지 않다. 대부분 학습이나 교육활동 자체가 쉬운 과업이 아니며 다양한 장애요인도 발생하기 때문이다(이민영, 2012; 이인규 외, 2017). 교사들은 이러한 상황을 인정하고 이를 극복하기 위한 노력을 기울여야 하는데, 이를 위해 학생들이 어려움이나 장애를 극복하고 교육활동을 지속해 나갈 수 있도록 격려하고 자극을 줄 수 있어야 한다. 학생들이 어려움을 극복할 수 있도록, 잘해 나갈 수 있도록 적극 촉진해 주어야 하는데, 이 과정이 바로 격려와 자극의 과정이다(김봉섭 외, 2017; 이경숙, 2017). 잘 극복하며 이겨 내고 있는 학생에게는 더욱 분발할 수 있도록 격려해 주고, 힘들어하거나 따라오지 못하는 학생에게는 용기를 북돋워 주며 새 힘을 낼 수 있도록 격려하고 자극해 주는 교사리더십을 발휘할 수 있어야 한다.

학생들에게 격려와 자극을 준다는 것은 칭찬만 해 주는 것을 의미하지는 않는다. 때로는 꾸지람이나 채근(採根)도 좋은 격려와 자극이 될 수 있다(박성희, 2005). '칭찬은 고래도 춤추게 한다.'라는 말처럼 대부분의 경우에는 칭찬과 격려가 학생들에게 힘이 되며 의욕을 가지게 하지만, 경우에 따라서는 꾸지람이나 채근이 더 큰 격려와 자극이 될 수 있다. 교사리더십을 발휘하기 위해서는 이러한 칭찬, 격려와 자극 등을 적절하게 잘 활용하여 학생의 교육활동을 촉진할 수 있어야 한다.

4) 믿음과 신뢰

교사리더십 발휘 과정에서 학생들을 촉진하기 위해서는 학생에 대한 믿음과 신뢰 또한 필요하다(이경숙, 2017; 이중현, 2017). 단 한 명의 아이도 포기하지 않겠다는 의지와 함께, 모든 학생이 변화하고 성장·발전할 수 있다는 강한 믿음을 가져야 한다(선태유, 2016; 이인규 외, 2017). 교사는 학생에 대한 믿음과 신뢰를 가지고 모든 학생을 자극하고 격려하여 교육목표를 달성할 수 있도록 리더십을 발휘해야 하는 것이다. 다루기가 힘들고 배울 준비가 되어 있지 않은 학생이라 하더라도 그 학생에 대한 믿음을 결코 포기해서는 안 된다. 이러한 일은 교사가 하기 싫다고 안 하거나, 피하고 싶다고 해서 피할 수 있는 것이 아니다. 하기 싫어도, 피하고 싶어도 다루기 힘든 아이, 배울 준비가 되지 않은 아이와도 함께 가야 하는 것이 교사의 역할이다. 교사가 그 어떤 학생도 포기하지 않고 끝까지 함께하기 위해서는 학생에 대한 이해, 방법, 전략 등도 매우 중요한데, 그 무엇보다도 중요하고 필요한 것이 학생에 대한 믿음과 신뢰이다(이경숙, 2017; 이인규 외, 2017). 그리고 이 믿음과 신뢰가 학생을 촉진하는 핵심적 기반이 되는 것이다. 학생에 대한 믿음과 신뢰가 없거나 약한 상태에서는 그 어떤 교육활동도 제대로 해내기 어렵다(윤재홍, 2012; 이성대, 2015; 이혁규, 2015). 모든 학생이 변화할 수 있고 성장·발전할 수 있다는 믿음은 교사리더십 발휘를 위한 촉진역량의 핵심 기반이다.

5) 동료교원 촉진

동료교원은 교사가 교육활동을 수행해 나감에 있어 함께해 나가는 공동 교육 주체이다(서경혜, 2015). 교육활동이 더욱 복잡화되고 다원화되어 가기 때문에 교육활동 수행 과정에서 동료교원과의 협력은 더욱 중요해지고 있다(오찬숙, 2016; 이성대, 2015; Sergiovanni, 2006). 이러한 맥락에서 교사들의 교육활동 수행 과정에서 동료교원과의 협력이 더욱 증가하고 있으며, 동료교원과의 협력이 교사 교육활동의 일상이 되어 가고 있다(Hargreaves & Fullan, 2012; 윤정, 2018; 이봉재, 강경석, 2016). 동료교원과의 협력 과정에서 성공적이고 생산적인 교사리더십 발휘를 위해서는 동료교원끼리 상호 촉진할 수 있어야 한다.

교사에게 있어 동료교원과의 관계는 리더-팔로워 관계라기보다는 상호 리더십을 발휘하는 '공유리더십' 관계라고 할 수 있다(윤정, 2018; Lieberman & Miller, 2004). 앞에서 언급했듯이 교사들의 교육활동은 점점 더 복잡해지고 있으며 교사 혼자 감당하기 어려운 일이 늘어나고 있다(엄기호, 2014; 이중현, 2017). 이 과정에서 교사들은 쉽게 지치거나 좌절하기도 한다(권재원, 2016; 박진환 외, 2013; Levinson, 2011). 이때 누구보다도 동료교원의 도움, 격려, 자극이 큰 힘이 된다(Johnson, 1998; Katzenmeyer & Moller, 2009). 동료교원 사이에는 여러 방식의 상호 촉진이 가능하다. 전문적인 활동을 돕거나 촉진할 수도 있고 인간관계 측면에서 서로 돕거나 촉진할 수도 있는 등 매우 다양한 차원에서 상호 촉진이 가능하다(이인규 외,

2017; 이준희, 이경호, 2015; 이혁규, 2015). 동료교원에 대해 교사리더십을 발휘하기 위해서는 동료교원끼리 상호 촉진할 수 있는 촉진역량을 갖추고 있어야 한다.

6) 학부모 촉진

교사들이 학부모에 대해 리더십을 발휘하는 과정에서도 촉진역량이 필요하다. 일부 열성적인 학부모도 있지만 대체로 학부모들은 학교 교육 참여에 소극적이거나 두려워하는 마음이 있으며 참여하는 경우에도 자신의 아이가 먼저인 '개인적인 동기'에서 참여하는 경우가 대부분이다(안창선, 2012; 엄기호, 2014). 그런데 앞으로 학부모의 학교 교육 참여는 더욱 늘어날 것이며 학교 교육에서 학부모의 비중도 점점 더 커질 것이다(송상호, 2010; 이종각, 2014). 따라서 교사는 학부모와 보다 적극적인 관계 정립 및 협력 방안을 마련할 필요가 있다. 교사는 학부모들이 학교 교육활동에 긍정적으로 기여할 수 있도록 적극 안내 · 격려 · 촉진할 수 있는 리더십을 갖추고 있어야 한다(Katzenmeyer & Moller, 2009).

학부모들은 다양한 경험과 배경을 가지고 있기 때문에 여러 측면에서 좋은 교육 자원이 될 수 있다. 교사는 성공적인 교육을 위해 가능한 한 모든 교육 자원을 적극적으로 활용할 필요가 있는데, 학부모도 이러한 측면에서 매우 훌륭한 교육 자원이다. 이러한 학부모들에게 교사리더십을 발휘하기 위해서는 학부모에게 동기도 불어넣을 수 있어야 하며 학부모들을 격려 · 자극하는 등 학부모에 대한 촉진역량을 갖추고 있어야 한다.

4. 성찰역량

교사리더십을 발휘하는 데 필요한 또 하나의 역량은 성찰역량이다. 성찰은 '자기 자신의 생각과 행동을 돌이켜 살피고 고찰해 보는 것'이다(Schön, 1983). 교사가 학생이나 동료교사, 학부모 등을 대상으로 리더십을 발휘하는 일은 결코 쉽지 않을 뿐만 아니라, 매우 복잡하고 불확실한 일이기도 하다. 따라서 단순한 사고나 판단으로는 리더십을 제대로 발휘할 수 없고 부정적인 결과를 낳을 수도 있다(Kouzes & Posner, 2010). 교사는 교육활동 수행 과정에서 교사리더십을 제대로 발휘하기 위해서는 성찰역량을 갖추고 있어야 한다.

1) 수업지도 성찰

학교에서 교사의 가장 중요한 과업 중의 하나는 수업이며(이민영, 2012; 정영근, 2011), 실제로 교사들은 학교에서 가장 많은 시간을 수업에 할애하고 있다(정광희 외, 2007). 대부분의 수업은 국가가 정한 교육과정의 토대 위에서 교과서를 중심으로 이루어지고 있고, 교과서는 대체로 중간 수준에 있는 보통 학생들을 기반으로 해서 만들어진다(안병영, 하연섭, 2015; 이종국, 2013). 그런데 교실 현장에는 보통의 아이들만 있는 것이 아니라 그보다 뛰어나거나 또는 뒤처지는 아이들도 있다. 보통의 아이들을 기준으로 해서 만들어진 교과서나 교육과정은 보통의 아이들이 아닌 경우에는 잘 맞지 않을 수 있고 받아들이는 데 어려움을 겪을 수도 있다(남수경, 2010; 박진환 외, 2013).

하지만 대체로 교과서나 교육과정에서 이러한 점에 대한 고려는 거의 되어 있지 않다(김광민, 2001; 송상호, 2010). 이처럼 모든 수준의 아이를 함께 고려할 수 없는 것이 현행 교과서나 교육과정 제도의 한계이다(남수경, 2010; 이성대, 2015). 따라서 다양한 수준의 아이를 고려하는 것은 실제 학교 현장에서 교사들이 담당해야 할 몫이다. 그리고 끊임없이 새로운 교육 상황에 직면해야 하는 것 또한 교사의 일상이다. 이와 같이 교사는 아이들을 가르치면서 매우 다양한 학생을 만나며 항상 새로운 상황, 불확실한 상황을 마주한다. 이러한 상황에서 교사는 수업을 해야 하고 교사리더십을 발휘하여 학생을 이끌어 가야 한다. 익숙하지 않은 생소한 상황에서 다양한 아이들을 가르치고 이끌어 나가기 위해서는 교사 스스로 그 수업 상황을 끊임없이 성찰해야 한다(Lieberman & Miller, 2004).

교사는 모든 교육 상황에서 직접 부딪히면서 스스로 해결해 가야 한다. 부딪히며 해결해 나가는 데 있어 시행착오를 겪을 수밖에 없으며, 생각하고 또 생각하면서 스스로 해결책을 찾아 나가야 한다. 이러한 과정에서 다른 교사의 성공 사례를 참고할 수는 있으나, 수업 상황과 문제 상황이 다 다르기 때문에 성공적인 다른 교사의 수업이나 해결책은 큰 도움이 되지는 않는다(서경혜, 2015; 오찬숙, 2016). 결국 교사는 자신의 수업과 학생에 대해 끊임없이 스스로 성찰해 가면서 자신에게 맞는 해결책과 방법을 찾아 나가는 수밖에 없다(신희경 외, 2009; 윤정, 2018; 이성대, 2015). 이와 같이 교사들이 리더십을 발휘하여 수업을 잘하기 위해서는 학생과 수업에 대한 끊임없는 성찰이 필요하다. 교사가 성찰을 안 하거나 소홀하게 되면 그 어떤 수업도 성공할 수 없다(Schön, 1983). 성찰역량은 교사들이 교사리더 십을 발휘하여 수업을 잘해 나가기 위한 매우 중요한 기반이다.

2) 생활지도 성찰

교사들에게 생활지도 또한 수업활동 못지않게 중요한 과업이며 교사리더십 발휘가 필요한 영역이다. 우리나라 교사들의 경우 대체 로 수업지도보다 생활지도에서 더 많은 어려움을 겪고 있는 것으로 나타나고 있다(강진령, 2015; 권형자 외, 2017). 교사들은 해마다 독특 한 성격, 행동, 특성을 보이는 학생들을 만난다. 그리고 교사로서 도 저히 이해가 안 되는, 어떻게 해 볼 도리가 없는 아이들도 종종 만 난다(박진환 외, 2013; 송선희 외, 2017; 엄기호, 2014). 교사들은 대부 분 이 아이들과 함께 1년을 같이 지내야 한다. 힘든 아이들을 만나 면 많은 교사는 어떻게 해서라도 이런 아이들을 고쳐 보려고 노력한 다. 그런데 아이들이 쉽게 변하지 않는 모습을 보면서, 또 아이들과 부딪히면서 교사들은 지치고 상처를 받는다(권재원, 2016; 박진환 외, 2013). 자신으로서는 어떻게 해 볼 도리가 없다는 것 때문에 교사로 서 심각한 자괴감을 느끼기도 하며, 그 학생을 맡고 있는 1년이 빨 리 지나기만을 바라기도 한다(권재원, 2017; 송선희 외, 2017).

많은 교사가 이런 힘든 아이들을 다루기 위해 상담을 배우고 생활 지도 연수도 받는 등 많은 노력을 기울이고 있다(강진령, 2015; 김봉 섭 외, 2017). 하지만 연수를 많이 받아도 크게 도움이 되지 않고 아 이들을 다루는 것은 여전히 힘들다(이경숙, 2017). 그러면 어떻게 해 야 할까? 힘든 아이들은 그 원인이 매우 복합적이어서 어느 한 가지만 해결한다고 해서 고쳐지지 않는다. 교사 자신부터 학생, 학급, 학교, 가정 환경 등 모든 것을 차근차근 살펴보면서 문제의 원인을 찾아 나가야 한다. 이 과정이 성찰의 과정이다.

교사는 다루기 힘든 아이가 한 명이라도 본인의 반에 들어오면 근심과 걱정이 떠나지 않는다. 온통 신경이 그 아이에게 쓰이며 다른 일도 손에 잡히지 않고 마음이 안정되지도 않는다(김혜숙, 최동호, 2013; 박병량, 주철안, 2006; 박진환 외, 2013). 그런데 안타깝게도 대부분의 경우 이런 상황에서 그 어느 누구도 뚜렷한 답이나 해결책을 주지 못 한다. 오로지 그 아이를 맡은 교사가 풀어 가야 한다. 스스로 성찰하면서 문제를 풀어갈 수밖에 없다.

이와 같이 교사는 어떤 아이라도 함께 가야 하며 어떤 문제도 스스로 해결해야 한다. 이를 위해서는 우선적으로 차분하게 아이와 문제와 상황을 볼 줄 알아야 하는데, 차분하게 보는 이 과정이 성찰의 과정이다. 교사를 힘들게 하는 학생, 교사를 괴롭히는 학생, 그 모든 학생의 행동에는 반드시 원인이 있지만(이경숙, 2017; 이철웅, 2006), 그 배경과 원인은 쉽게 드러나지 않는다. 그 담당 교사가 찾아내야 하는데, 이를 위해 성찰이 필요하다. 문제의 원인은 가정에 있을 수도 있고 개인의 성격 문제일 수도 있으며, 또는 학생들과의 관계 문제일 수도 있으나 대체로 문제행동의 원인은 매우 복합적이다(강진령, 2015). 따라서 교사는 차분히 그 원인을 찾아내고 해결책을 강구하는 리더십을 발휘할 수 있어야 하는데, 그 과정에서 성찰역량이 매우 중요한 기반인 것이다.

문제학생의 경우 대부분 한 번의 처치와 노력으로 해결되거나 변화되는 경우가 거의 없다(박진환 외, 2013; 이경숙, 2017). 따라서 문제해결이 안되었다고 낙담하지 말고 다시 성찰하고 또 성찰하면서 해결책을 찾아 나가야 하는 것이 교사의 일이다. 성찰은 1회성 과정이 아니라 반복되는 지속적인 과정이다(Schön, 1983). 교사가 리더십을 발휘하여 학생의 행동을 변화시키고 생활지도를 하기 위해서는 성찰역량을 갖춰야 한다.

3) 동료교원 및 학부모에 대한 성찰

성찰은 교사가 학생에 대한 리더십 발휘 과정에서뿐만 아니라 동료교원과 학부모를 대상으로 리더십을 발휘하는 과정에서도 동일하게 필요하다. 교사에게 동료교원과 학부모는 함께 교육을 이끌어 가야 하는 동반자이다. 이들과 잘 협력하여 좋은 교육을 만들어 나가기 위해서는 이들에 대한 리더십이 필요한데, 이 리더십을 잘 발휘하기 위해서는 성찰이 기반이 되어야 한다(Murphy, 2005). 동료교원과 학부모는 학생과 달리 성인이기 때문에 성인 특유의 행동 특성과 삶의 방식을 가지고 있다(오우식, 2017; 한승희, 2001). 그리고 이들의 행동 특성과 삶의 방식은 학생보다 훨씬 더 복잡하고 다양하다(Hargreaves, 1994; Lortie, 2002). 교사가 동료교원이나 학부모를 대상으로 리더십을 발휘할 때 이들의 특성과 맥락에 대해 제대로 파악해야 리더십을 잘 발휘할 수 있다(서경혜, 2015; 이종각, 2014). 동료교원과 협력활동을 수행하면서 잘 되는 경우도 있지만 그렇지 않은 경우도 있고, 학부모 역시 좋은 협력관계 속에서 교육활동에 도움이 되는 경우도 있지만 그렇지 않은 경우도 많다(윤정 외, 2017; 이성대, 2015; 이준희, 이경호, 2015). 동료교원 및 학부모와의 관계에서 갈등이나 문제가 발생할 때 원인을 파악하고 새로운 대안을 찾아 나갈 수 있어야 하는데, 이를 위한 기반이 바로 성찰이다(Lieberman & Miller, 2004). 성인인 교사 및 학부모와의 관계에서 문제는 더욱 복잡하기 때문에 더 많은 성찰이 필요하다(이재용, 이종연, 2015). 교사가 동료교원 및 학부모를 대상으로 리더십을 발휘하는 과정에서 성찰은 중요한 기반이 되는 것이다.

4) 성찰은 교사의 삶

성찰은 교사의 삶이고 교사 삶의 핵심 속성이다(Lortie, 2002; Schön, 1983). 따라서 성찰을 하지 않는다면 교사로서의 정체성을 잃을 수 있다(Hargreaves, 1994). 성찰하지 않는다면 교육활동을 제대로 수행할 수 없을 뿐만 아니라 성찰하지 않는 교사에게 교직은 단순히 하나의 직업일 뿐이다(Day & Harris, 2003). 반면 성찰을 잘하는 교사, 성찰을 위해 지속적으로 노력하는 교사는 교육활동을 잘 수행할 뿐만 아니라 교사다운 교사가 될 가능성이 높다(Hargreaves & Fullan, 2012). 학생을 가르치면서 일방적으로 주입하는 것이 아니고 그 학생의 상황과 맥락에 맞게 가장 적합한 내용을, 가장 적합한 방법으로 가르쳐야 하는데, 바로 이 가장 적합한 것을 찾아 나가는 과정이 성찰의 과정이다(Katzenmeyer & Moller, 2009).

이러한 성찰은 교사 삶의 활력소가 될 수 있으며 교직생활에 생기를 불어넣어 줄 수도 있다(김혜림, 이미자, 2017; 서경혜, 2015; 조덕주, 2016). 성찰을 통해 끊임없이 학생을 알아 가는 과정은 그 학생에 대한 이해를 더하고 그 학생의 가치를 깨닫게 해 주며 교사 자신이 하는 일의 의미를 발견할 수 있게 해 주기 때문이다(Lieberman & Miller, 2004; Schön, 1983). 교사리더십을 발휘하는 과정에서 실패하고 좌절을 겪을 수도 있지만 성찰을 통해 새롭고 더 적합한 해결책을 찾아 적용시켜 보는 일, 그리고 그 성공을 경험해 보는 것은 그 자체로 교사에게 희열을 줄 수 있다(Danielson, 2006). 성찰은 교사들이 선택할 수 있는 것이 아니다. 교사라면 반드시 성찰을 해야 한다. 교사의 삶은 성찰의 삶이며, 교사리더십을 발휘하여 교육을 잘 이끌어 가기 위한 핵심 기반도 성찰역량이다.

5. 철학역량

교사리더십을 발휘함에 있어 철학역량 또한 중요한 핵심역량이다(Danielson, 2006; Katzenmeyer & Moller, 2009). 철학은 어떤 가치 · 지향 · 방향에 대한 관점 · 이념 · 사상이라고 할 수 있다(이돈희, 1983). 모든 인간은 자신의 삶에서 중요하게 생각하는 가치 · 지향 · 방향이 있다. 그런데 사람에 따라 어떤 사람은 분명한 가치 · 지향 · 방향을 가지고 있는 반면, 어떤 사람은 불분명한 경우도 있다. 대체로 삶을 의욕적이며 적극적으로 사는 사람은 이러한 가치 · 지향 · 방향, 즉 철학이 비교적 분명한 사람이다(윤재홍, 2012; 진교훈 외, 2003). 리더십을 가진 교사에 대한 사례 연구에서도 리더십을 적극적으로 발휘하는 교사들의 공통적인 특징 중의 하나는 바로 분명한 철학을 가지고 있다는 점이었다(Hargreaves & Fullan, 2012;

Lieberman & Miller, 2004; Murphy, 2005).

1) 혼란스럽고 복잡한 교육 상황을 극복하는 기반

교사가 가르칠 아이들, 교육 상황, 교육 여건은 매우 복잡하고 불확실하며 너무 빨리 변하고 있다(Kouzes & Posner, 2010). 이러한 흐름에 따라 교육부나 교육청에서도 모든 지침을 내려 주기보다는 각 학교나 교사의 자율과 재량에 맡기는 것이 큰 방향과 흐름이 되고 있다(박종필, 2004; 이중현, 2017; Sergiovanni, 1994a). 이와 같이 교사가 다루어야 할 학생이나 교육상황은 점점 더 복잡해지고, 반면 교사들이 어떻게 해야 할지에 대한 명확한 지침이나 안내는 줄어드는 것이 오늘날 학교 교육의 상황이다(권재원, 2016; 박진환 외, 2013). 복잡한 교육상황에 대해 교육부나 교육청이 명확한 지침이나 안내를 주지 않는 것은 교육부나 교육청이 게을러서가 아니라 교육부나 교육청도 복잡·다양한 교육 상황에 맞는 지침을 일방적으로 내려 주기가 결코 쉽지 않기 때문이다(Hargreaves, 2008). 국가가 획일적으로 통제, 안내하기에는 교육활동이 너무 복잡하고 다양해졌다(Murphy, 2005). 이로 인해 국내외를 막론하고 대체로 교육부나 교육청은 지원해 주고 도와주기는 하지만 구체적인 교육활동은 점점 더 학교나 교사의 재량에 맡기고 있는 추세이다(나민주 외, 2018; 한유경 외, 2018; Lieberman & Miller, 2004).

이와 같이 교육 상황은 더욱 복잡화·다양화되고 있으며, 교사의 책임은 점점 더 커지고 있다(Levinson, 2011). 그리고 교사의 혼란과 혼동은 더욱 가중되고 있다(Hargreaves & Fullan, 2012). 주변에 도와

주는 기관이나 사람들은 있지만 그 누구도 확실하게 도와주지는 않으며 전적으로 그 책임은 교사에게 맡겨져 있다. 이 혼란스럽고 복잡한 상황 속에서 책임을 지고 리더십을 발휘하여 교육을 이끌어 가기 위해서는 교사에게 철학이 필요한 것이다(Hargreaves & Fullan, 2012).

교사가 교육활동을 수행하며 리더십을 발휘하는 데 있어 철학을 가지고 있지 않으면 교육의 성공을 거두기 어려울 뿐만 아니라 교육활동을 지속해 나가기도 어려울 수 있다(Sergiovanni, 2001b). 교육이 덜 복잡하고 분명한 방향이 있던 과거에는 교사가 주어진 지침에 따라 잘 전달하고 가르치기만 해도 교육이 유지되며 성과도 낼 수 있었다(윤재홍, 2012; Harris, 2003). 하지만 학생 및 교육활동 자체가 불확실하고 복잡한 상황에서는 분명한 원칙과 기준, 즉 철학이 부족하면 더 이상 교육을 제대로 이끌어 가기 어렵다(Danielson, 2006; Fullan, 2005).

한편, 교사들이 철학을 가지고 있어야 하지만, 그렇다고 해서 자신의 철학을 절대화하거나 교조적으로 주입하려고 해서는 안 된다. 교사는 교육활동을 수행하면서 원칙과 기준, 철학을 갖되 개방적인 자세를 취해야 한다(이성대, 2015; 이인규 외, 2017). 다시 말해 자신의 분명한 철학을 가지고 있으면서 다른 사람의 철학도 존중하고 인정해 줄 수 있어야 한다. 그리고 자신의 철학과 상대방의 철학을 함께 인지하면서 교육상황에 맞는 좀 더 나은 철학을 구축해 낼 수 있어야 한다(이돈희, 1998; 이중현, 2017). 교사의 이러한 철학의 구축은 한 번으로 그치는 것이 아니라 아이들을 가르치는 동안 지속적으로 이루어져야 한다(Lambert, 1995). 이러한 면에서 교직은 철학하는 삶의 과정일 수 있다. 철학이 뒷받침되지 않으면 교직을 성공적으로 이끌어 가기가 결코 쉽지 않을 것이다(이돈희, 1983; 정영근 외, 2011). 교사가 리더십을 발휘하여 교육을 잘 이끌어 나가기 위해서는 결코 철학하기를 멈춰서는 안 되며, 부단히 철학역량을 갖추기 위하여 노력해야 한다(Sergiovanni, 2001b).

2) 가치갈등 상황을 헤쳐 나가는 기준

교육활동 수행을 위한 교사리더십 발휘 과정은 가치갈등 상황의 연속이라고 해도 과언은 아니다(박진환 외, 2013; Lieberman & Miller, 2004; Murphy, 2005). 교사들은 매일 같이 크고 작은 가치갈등의 홍수 속에 놓여 있다(권재원, 2016; 정성식, 2014). 예를 들어, 아침에 지각하는 학생이 있을 경우 이 학생을 너그럽게 용서해 줄 것인지 엄격하게 처벌을 할 것인지도 교사의 가치갈등 상황이며, 반 아이들이 싸움을 했을 때 어떻게 처리할 것인가도 가치갈등 상황이다. 이렇게 보면 교사의 거의 모든 일상은 가치갈등의 연속이라고 할 수 있으며, 이러한 가치갈등을 풀어 나가는 과정이 교사리더십 발휘 과정이다(Katzenmeyer & Moller, 2009). 그런데 이러한 가치갈등 상황에서 판단하고 결정하는 일은 결코 쉽지 않은 일이며 매우 부담스러운 일이기도 하다. 왜냐하면 교사의 가치판단에 따라 학생들이 큰 영향을 받을 수 있기 때문이다(Day & Harris, 2003; Simkins, 2005). 예를 들어, 지각을 용서해 주었을 때 학생에게 새로운 각성의 기회가 될 수도 있지만 잘못된 습관의 생활화로 이어질 수도 있으므로 교사의 가치판단은 결코 가벼운 일이 아니다.

교사들은 학생과 관련된 일뿐만 아니라 교육정책이나 제도와 관련해서도 가치갈등을 겪는다. 한 예로 전인교육과 입시교육 사이의 갈등인데, 이 갈등은 입시지도를 하고 있는 고등학교 교사뿐만 아니라 중학교, 초등학교 교사도 겪는 갈등이다(이인규 외, 2017; 이중현, 2017). 대부분의 교사는 학생을 가르치면서 전인교육에 초점을 맞출 것인지, 아니면 입시교육에 초점을 맞출 것인지 고민하며 갈등한다(김은주, 2017; 박진환 외, 2013). 이런 상황에서 입시교육의 압박이 커지면 학교 또한 입시 위주의 교육으로 치우친다. 그 결과, 입시 또는 시험에 나오지 않는 교과나 내용을 교사 역시 소홀히 하게 된다(박진환 외, 2013; 송상호, 2010; 엄기호, 2014). 여기에 더하여 입시 위주 교육으로 인해 학생자치활동이나 학생들의 소질이나 적성을 개발하는 활동마저 소홀히 하는 것 또한 자주 목격하는 우리의 모습이다(이경숙, 2017; 이민영, 2012). 심지어 고등학교에서 과학Ⅱ 과목은 정규 교육과정으로 편성되어 있으나, 그 시간에 해당 과목 공부는 아예 하지 않고 수능 시험을 보는 다른 과목 공부를 해도 용인하거나 내버려 두는 것이 자연스러운 '미덕'이 된 지도 이미 오래이다(유경훈, 김병찬, 2015).

이와 같이 정규 교과임에도 불구하고 수능시험을 보는 과목이 아니면 학생도 교사도 소홀히 해 버리는 것이 마치 당연한 것처럼 되어 버렸다(김동석, 2015; 김철운, 2012). 하지만 교사는 이러한 과정에서 상당한 자괴감을 느끼며 또한 괴로워한다(권재원, 2016; 박진환 외, 2013). 이러한 상황에서 교사도 결코 마음이 편하지 않으며 그로 인해 내적 갈등이 일어나기도 한다(엄기호, 2014; 유경훈, 김병찬, 2015). 학생에게 필요한 것을 종합적으로 가르쳐 주는 전인교육을 할 것이냐, 아니면 입시에 대비해 시험에 나오는 것을 중심으로 가르칠 것이냐는 우리나라 대부분의 교사가 겪는 가치갈등이다. 이 상황에서 교사는 입시라는 현실적인 필요에 따라 입시 위주 교육에 치중하는 경향을 보이기도 한다(박진환 외, 2013; 엄기호, 2014). 그렇다고 해서 이들이 전인교육의 가치를 무시하거나 포기한 것은 아니다. 입시 위주의 교육에 치중하기는 하지만 교사의 마음속에는 여전히 전인교육에 대한 갈망이 남아 있다(이성대, 2015; 이인규 외, 2017). 가치갈등을 마음에 품고 사는 것이다.

또한 교사는 교육부나 교육청의 지침이나 방침이 자신의 교육관과 차이가 날 때에도 가치갈등을 겪는다(권재원, 2017; 정성식, 2014). 그런데 이런 경우는 대부분 갈등을 겪더라도 교육부나 교육청의 지침이 강제성을 띠기 때문에 감히 거역할 수 없다(유경훈, 2014). 그것을 거역하고 자신의 교육적 소신을 지키기 위해서는 상당한 희생을 감내해야 하기 때문이다(권재원, 2017; 유경훈, 2014). 대부분의 교사는 이것을 잘 알고 있기 때문에 교육부나 교육청의 방침이 자신의 교육적 소신과 다르다 하더라도 일단 그 방침을 따른다. 이 과정에서 자신의 교육적 소신을 억누르며 적당히 타협을 하기도 한다(유경훈, 김병찬, 2015). 교사가 전심전력을 다해도 제대로 이루어 내기가 힘든 것이 교육인데, 온갖 갈등과 혼란 속에서 교육을 해 나가고 있는 것이 우리나라 교사의 모습인 것이다(박진환 외, 2013; 엄기호, 2014).

이러한 수많은 갈등 상황 속에서도 리더십을 발휘하여 교육을 이끌어 나가야 하는 것이 교사의 임무이다. 이 임무를 잘 감당하기 위해 반드시 필요한 것이 바로 철학이다. 가치갈등 상황에서 교사에게 철학이 없거나 약하면, 현실적인 이해관계나 힘의 논리에 휩쓸리게 되기 쉽다(박연숙, 2015; 송상호, 2010). 이렇게 되면 진정으로 학생에게 가치 있는 것을 가르치기보다는 현실적인 눈앞의 이익이나 필요를 쫓을 수밖에 없고 편의 위주로 갈 가능성이 높다. 이런 상황에서는 결코 제대로 된 교육이 이루어질 수 없다.

가치갈등 상황에서 교사는 모든 것을 고려하고 자신의 철학이나 신념을 바탕으로 교사리더십을 발휘하여 문제를 해결해 나가야 한다. 교사에게 철학이 굳건하다면 실천은 어느 정도 담보할 수 있다(윤재홍, 2012; 이돈희, 1983). 교사가 제대로 실천하지 못하는 것은 실천력이 없어서가 아니라 제대로 된 철학이 정립되어 있지 않기 때문이다(Danielson, 2006). 교사리더십을 발휘하여 성공적인 교육을 이끌어 가기 위한 핵심적인 기반이 철학역량인 것이다.

3) 교사의 타성을 극복하기 위한 대안

앞에서 언급한 사례와 같이 교사가 학교에서 교육활동을 수행하면서 교육부나 교육청의 지침이 교사 자신의 교육철학이나 신념과 충돌하는 경우가 간혹 있는데, 그렇다고 해서 교사가 큰 희생을 감수해야 할 만큼 심각한 경우는 그렇게 많지 않다(김병찬 외, 2015). 그런데 많은 경우 교사가 큰 희생을 감수하지 않아도 됨에도 불구하고 교사 스스로 먼저 적당히 타협하거나 자신의 철학이나 신념을 포

155

5. 철학역량

기하고 따른다(강승규, 2006; 이가희, 양은주, 2016). 그래서 학교의 교육활동은 큰 문제 없는 것처럼 보이고, 교육부나 교육청에서도 교사들이 잘 따르고 있는 것으로 여긴다(신철균, 2011). 이렇게 되니 겉으로는 교육이 잘 돌아가는 것처럼 보인다(엄기호, 2014; 이인규 외, 2017). 결국 이러한 상황이 반복되면서 겉으로만 그럴듯해 보이는 '형식적인 교육', '관행적인 교육'이 우리 교육의 모습이 되어 버렸다(권재원, 2016; 박진환 외, 2013; 송상호, 2010; 유경훈, 2014). 철학이 부족한 상황과 일을 빨리 수행해야 하는 압박을 받는 상황에서 과거의 방식, 관행적인 방식은 교사에게 매우 큰 유혹이다(Levinson, 2011). 그래서 큰 문제의식 없이 과거의 방식, 관행적인 방식에 따라 형식적으로 대응하는 것이 우리 교사의 적응 양식이 되어 버렸다(엄기호, 2014; 이인규 외, 2017). 이러한 상황이 반복되면 교사는 타성에 젖게 되고 '죽은 교육'으로 이어진다(Lieberman & Miller, 2004). 이러한 타성을 극복하기 위해서 철학을 갖춘 교사리더십 발휘가 필요하다.

4) 교육의 본질로서의 철학

교육활동은 그 자체로 하나의 철학의 과정이다(김민남, 1995; 이돈희, 1983; 정윤경, 2013). 교육은 인간을 다루는 일이고, 인간은 교육을 통해 최고의 삶을 구현하고자 한다(이돈희, 1983; 이홍우, 2008). 이러한 맥락에서 교육은 '인간이란 무엇인가?', '바른 삶이란 무엇인가?', '최고의 삶이란 무엇인가?' 등의 질문과 본질적으로 관련이 있다(이돈희, 1983; 정영근 외, 2011). 그리고 바로 이 최고의 삶을 궁구(窮究)하는 것은 철학의 문제이다. 최고의 삶은 한 마디로 정의할 수 없으며 사람마다 다 다르다. 인간은 궁리(窮理)와 성찰을 통해 최고의 삶을 찾아 나가야 하는데 바로 이 궁리와 성찰의 기반이 철학인 것이다(김민남, 1995). 즉, 철학은 인간 삶의 본질을 다루는 분야이며, 교육 역시 바람직한 삶, 올바른 삶, 즉 인간 삶의 본질을 다룬다(이돈희, 1983).

따라서 교육을 담당하는 사람들은 예외 없이 누구든지 철학하는 사람이어야 한다(진교훈 외, 2003). 인간다운 인간을 만드는 것이 교육인데, 인간다운 인간에 대한 철학이 없이 어찌 교육을 할 수 있단 말인가? 교사들은 인간에 대한 탐구, 인간다움에 대한 탐구, 최고의 삶에 대한 탐구를 꾸준히 해 나가면서 자신의 철학을 가지고 리더십을 발휘하여 학생들을 가르쳐야 한다.

현대 사회의 자본주의화가 심화되면서 자본을 위한 인간의 도구화 경향이 더욱 뚜렷해지고 있다(김종영, 2015; 이준구, 2016). 사회뿐만 아니라 교육계에서도 '경쟁력을 갖춘 인간육성'이라는 용어가 일상화되었는데, 여기서의 경쟁력은 대부분 자본의 창출과 확대를 위한 경쟁력이다(김종영, 2015; 오찬호, 2015). 자본의 확대 및 재생산, 쉽게 말해 돈을 더 많이 벌기 위한 경쟁력이다. 돈을 더 많이 벌기 위해 경쟁력을 갖추는 것은 결코 잘못된 것이 아니다. 오히려 필요하다. 다만 그것이 목적이 되어서는 안 된다. 더 나은 삶을 위해 돈을 벌어야 하는 것이지, 돈을 많이 버는 것 자체가 목적이 되어서는 안 된다. 따라서 돈을 많이 버는 경쟁력을 길러 주기 이전에 더 나은 삶을 먼저 가르쳐 주어야 하는데 이 일이야말로 교육의 몫이다. 학생들에게 자본주의 사회에서 살아 나갈 경쟁력을 길러 주는 것을 넘

어서서, 어떻게 하면 인간으로서 최고의 삶, 가장 가치 있는 삶을 살
것인지를 먼저 가르쳐 주는 것이 교사의 일이고 학교의 일이다. 그
리고 인간으로서 가치 있는 삶을 사는 것과 돈을 버는 것이 어떤 관
련이 있는지도 가르쳐 주어야 된다. 돈을 많이 버는 경쟁력보다 왜
돈을 벌어야 하는지를 가르쳐 주는 것이 교육이 해야 할 더 중요한
역할이다. 돈 버는 경쟁력은 교육이 아닌 다른 영역에서도 얼마든
지 가르쳐 줄 수 있다. 교육이 담당해야 할 일을 제대로 해 주어야
국가도, 사회도 제대로 설 수 있다. 교육이 해 주어야 할 일을 제대
로 해 주지 못하면 국가나 사회는 건강성을 잃고 병들어 갈 수밖에
없다. 교육철학은 교사들이 해 주어야 할 일을 제대로 하게 하는 핵
심 기반이다.

6. 종합

이 장에서 교사리더십을 발휘하기 위해 교사에게 필요한 역량을
이해역량, 소통역량, 촉진역량, 성찰역량, 철학역량 등 다섯 가지로
구분하여 살펴보았다. 이러한 역량 이외에도 교사리더십 발휘를 위
해서는 더 많은 역량이 필요하겠지만 이 장에서는 선행연구 및 다
양한 사례를 바탕으로 공통적인 다섯 가지 역량을 도출하여 논의하
였다. 그런데 이 다섯 가지 역량은 개념적으로는 분리될 수 있지만
실제적으로는 결코 분리될 수 없는 것들이다(Katzenmeyer & Moller,
2009; Lieberman & Miller, 2004). 앞에서 이 다섯 가지 역량을 각각
개별적으로 논의를 했는데 이 절에서는 이들을 통합하면서 역량 간

의 관계에 대해 논의한다.

1) 통합성

앞에서 언급한 교사리더십을 발휘하는 데 있어 필요한 다섯 가지 역량은 실제 구현 과정에서는 마치 하나처럼 서로 연계·통합되어 나타난다. 구체적으로 교사가 리더십을 발휘하여 학생들을 촉진해서 어떤 목표를 달성하게 하려면 학생들과 서로 소통해야 하고 소통을 잘하기 위해서는 이해가 기반이 되어야 하며, 또한 지속적으로 성찰할 수 있어야 한다. 그리고 이 모든 과정을 교육적인 방향으로 잘 이끌어 가기 위해서는 기본적으로 철학이 필요하다. 이와 같이 실제에서 교사리더십을 발휘함에 있어 이해, 소통, 촉진, 성찰, 철학 역량은 각각 독립적으로 발휘되는 것이 아니고 서로 유기적으로 연계되어 함께 발휘된다. 따라서 이들에 대한 종합적·통합적 이해가 필요하다.

이 역량들은 자동차 부품에 비유할 수 있다. 실제 자동차에서 자동차 부품 하나하나가 독립적으로 작동하는 것이 아니라 부품들이 모두 결합되어 하나의 차로 작동되는 것과 같은 이치이다. 자동차의 바퀴나 문짝 등이 각각 고유성이 있으나 그들이 독립해서 기능하는 것이 아니라 자동차라고 하는 하나의 결합체 내에서 각각의 기능을 수행하며 통합적으로 작동한다. 마찬가지로 이해역량, 소통역량, 촉진역량, 성찰역량, 철학역량의 다섯 가지 역량도 각각 개별성을 갖기는 하지만 실제 발휘 과정에서는 독립적으로 발휘되는 것이 아니라 리더십이라는 하나의 통합체가 되어 발휘된다.

따라서 교사리더십 역량을 이해할 때 이들을 통합적으로 봐야 한다. 만약 실제에서 이들을 각각 분리해서 보면 교사리더십 실체를 제대로 볼 수 없다. 개념적 구분을 넘어서서 통합적으로 교사리더십 역량을 볼 수 있어야 한다.

2) 체계성

교사리더십 발휘에서 기본역량인 이해, 소통, 촉진, 성찰, 철학역량은 통합적일 뿐만 아니라 체계를 이루고 있기도 하다. 이해와 소통역량은 교사리더십을 발휘하는 상대방과의 구체적인 상호작용, 관계형성 과정에서 필요한 역량이라고 할 수 있고, 촉진역량은 이해와 소통을 바탕으로 상대방을 지원하고 북돋워 주는 역량이라고 할 수 있다. 성찰역량은 이 과정을 살피고 고찰해 보는 역량이고, 철학역량은 이 모든 활동의 지향, 방향이 되는 기반역량이라고 할 수 있다. 따라서 이 다섯 가지 역량은 모두 교사리더십 발휘를 위해 필요한 역량인데, 각각 서로 다른 성격을 가지면서 하나의 체계를 이루어 작동하는 것이라고 할 수 있다. 이들 사이의 관계 체계를 그림으로 나타내면 다음과 같다.

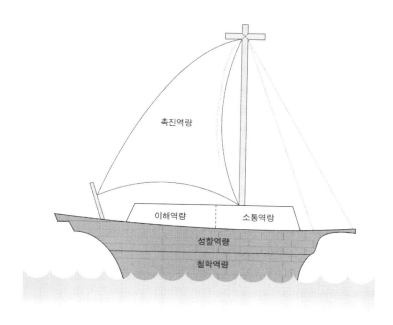

Inside the image (labels): 촉진역량 / 이해역량 / 소통역량 / 성찰역량 / 철학역량

[그림 4-1] 교사리더십 역량의 체계

[그림 4-1]에서 나타난 바와 같이 교사리더십을 발휘하는 데 있어 가장 기초는 철학역량이다. 교사리더십 발휘의 큰 방향과 지향은 교사의 철학에서 나온다. 리더십 발휘 자체가 가치지향적 활동이기 때문에 교사가 리더십을 발휘하기 위해서는 기본적으로 철학이 기반되어야 한다. 이러한 교사의 철학은 리더십 발휘의 모든 과정과 영역에 영향을 미친다. 따라서 교사에게 철학이 부족할 경우 리더십 발휘의 방향도 혼란스러울 뿐만 아니라 난관이나 어려움이 생겼을 경우 해결하기도 어렵고, 리더십 발휘 자체를 해 나가기 어려울 수도 있다.

교사리더십을 발휘하기 위해서는 기본적으로 철학역량을 갖추고 그 토대 위에서 성찰역량을 발휘하여야 한다. 성찰은 교사 스스로 자신의 리더십 발휘 과정에 대해 끊임없이 되돌아보며 살펴보는 과정이다. 교사리더십 발휘 대상, 활동, 상황 등이 매우 복잡하고 불확실하기 때문에 지속적인 성찰을 하면서 수행해 나가야 한다. 즉, 철학을 기반으로 끊임없이 성찰해 가면서 교육활동을 이끌어 나가는 것이 교사리더십 발휘 과정이다.

또한 교사리더십을 발휘하기 위해서는 이러한 철학역량과 성찰역량의 토대 위에서 이해역량을 갖추어야 한다. 리더십은 개인의 독단적 활동이 아니라 상대방과의 관계 속에서 발휘되는 것이다. 따라서 리더십 발휘를 위해 상대방에 대한 이해는 반드시 필요하다. 교사가 리더십 발휘 대상에 대해 정확하게 이해할 때 제대로 된 리더십 발휘가 가능하다. 이해가 부족한 상태에서의 리더십 발휘는 오히려 혼란과 갈등을 가져올 수 있다. 따라서 교사가 리더십을 잘 발휘하기 위해서는 철학역량과 성찰역량의 토대 위에 이해역량을 갖추고 있어야 한다.

아울러 교사리더십 발휘는 교사가 학생이나 동료교원 등 상대방과 끊임없는 상호작용 과정이다. 따라서 교사리더십을 발휘하기 위해서는 상대방과 소통할 수 있어야 한다. 학생 및 동료교원들과 끊임없이 상호작용을 해야 하는 교육활동에서 학생 및 동료교원에 대해 아무리 잘 이해를 했다고 하더라도 소통이 잘 이루어지지 않으면 리더십 발휘는 어렵다. 교사가 학생, 동료교원 등을 대상으로 리더십을 발휘하여 과업을 이루어 내기 위해서는 반드시 그들과 소통할 수 있어야 한다. 그리고 소통이 잘 이루어지려면 정확한 이해가 뒷받침되어야 한다. 따라서 교사리더십 발휘 과정에서 소통역량과 이해역량은 하나의 짝이라고 할 수 있다. 아무리 좋은 신발도 한 짝만 가지고는 제대로 기능을 할 수 없듯이 이해역량과 소통역량 중 하나가 부족하게 되면 제대로 된 리더십 발휘가 힘들 수 있기 때문에 교사리더십을 잘 발휘하기 위해서는 이 두 역량이 잘 연계되어야 한다. 철학역량과 성찰역량의 토대 위에 이해역량과 소통역량이 잘 조화를 이루어 발휘될 때 성공적인 교사리더십 발휘가 가능하다.

또한 교사리더십 발휘는 최종적으로 학생, 동료교원 등으로 하여금 교육목표에 도달하도록 촉진하는 촉진활동을 통해 구현된다. 철학과 성찰역량의 토대 위에서 이해역량과 소통역량이 조화를 이루어 발휘되고 이 기반 위에서 촉진역량이 발휘될 때 교사리더십 발휘가 완성되는 것이다. 리더십이 상대방과의 관계에서 상대방을 움직이게 하는 영향력이라고 할 때(Stogdill, 1974), 상대방을 움직이게 하는 촉진활동이야말로 리더십 발휘의 최종 단계라고 할 수 있다. 다른 역량들은 촉진역량이 발휘되도록 하기 위한 기반역량인 것이다.

또한 촉진역량 역시 독립적으로 작동하는 것이 아니라 다른 역량의 토대 위에서 발휘된다. 즉, 교사리더십을 발휘하여 학생, 동료교원, 학부모 등을 잘 촉진하기 위해서는 보다 뚜렷한 철학과 성찰역량을 갖추고 있어야 하며, 학생, 동료교원, 학부모 등을 잘 이해하고 또 소통할 수 있어야 한다. 이와 같이 교사리더십 발휘 과정에서 촉진은 철학, 성찰, 이해, 소통의 기반 위에서 이루어지는 것이다. 이처럼 철학역량, 성찰역량, 이해역량, 소통역량, 촉진역량의 다섯 가지 역량은 교사리더십의 핵심이 되는 기본역량이며, 이들은 체계적으로 연계되어 함께 작동된다.

3) 불균형성

앞에서 언급한 대로 교사리더십 발휘 과정에서 이 다섯 가지 역량은 긴밀하게 연계되어 있으며 체계적이기 때문에 교사리더십을 잘 발휘하기 위해서는 이 다섯 가지 역량을 모두 잘 갖추고 있어야 한다. 만약에 그중에 어느 하나의 역량이라도 부족하게 되면 다른 역량들에도 영향을 미쳐 전체적으로 리더십 발휘가 잘 안 될 수 있다. 예를 들어, 이해역량이 부족하면 소통역량이나 촉진역량이 잘 발휘되기 어렵고, 성찰역량이 부족해도 이해, 소통, 촉진 모두에 부정적인 영향을 끼칠 수 있다.

그러므로 교사리더십을 잘 발휘하기 위해서는 다섯 가지 역량을 모두 함께 잘 갖추고 있어야 한다. 하지만 실제에서는 이 다섯 가지 역량을 모두 잘 갖추고 있는 교사도 있지만, 그렇지 않은 교사도 많다. 즉, 이해역량은 갖추고 있는데 소통역량이 부족하거나, 또는 촉진역량은 갖추고 있는데 철학역량이 부족한 교사 등 일부 역량이 부족하거나 결여된 불균형적 교사가 실제로 있을 수 있다는 것이다(박진환 외, 2013; 송상호, 2010). 오히려 다섯 가지 역량을 모두 완전하게 갖춘 교사보다 일부 역량이 결여되거나 부족한 교사가 현실에는 더 많을 수 있다. 즉, 교사에게 이 다섯 가지 역량 중 일부가 결여되어 있거나 부족할 수 있다는 불균형성을 인정하고, 다섯 가지 역량을 모두 갖추는 것이 결코 쉬운 일이 아니라는 것도 인정해야 한다.

따라서 교사리더십 역량의 불균형성을 인정하고 부족한 역량을 기르기 위한 노력을 기울일 필요가 있다(Katzenmeyer & Moller, 2009). 이를 위해 우선 교사들은 자신에 대한 정확한 진단을 통해 자신이 잘 갖추고 있는 역량과 부족한 역량을 파악할 수 있어야 한다. 이러한 진단을 토대로 이미 잘 갖춘 역량은 더욱 발전시키고, 부족한 역량은 적극적으로 개발하기 위한 노력을 기울여야 한다. 교사리더십 역량 개발은 개인 차원의 노력으로도 가능하고 조직 차원의 노력으로도 가능하다. 우리나라 교사들은 학습능력이 그 어느 나라 교사들보다 뛰어나기 때문에(OECD, 2017) 적극적인 의지를 갖고 노력을 기울인다면 모든 교사가 균형 잡힌 교사리더십 역량을 기를 수 있을 것이다.

제5장

교사리더십 활성화를 위한 과제는 무엇인가

    교사들이 리더십을 발휘하여 교육을 잘 운영해 나가기 위해서는 교사의 노력이 가장 중요하다. 하지만 국가 교육 체제 속에서, 그리고 학교라는 구조적 여건 아래서 교육활동을 수행하기 때문에 교사만의 노력으로는 한계가 있다. 교사들이 리더십을 갖추고 교육을 잘 이끌어 가기 위해서는 교장 및 학교 체제나 구조뿐만 아니라 국가의 교육정책이나 제도 등의 여건도 뒷받침이 되어야 한다. 교사들이 리더십을 잘 발휘하기 위해서는 다양한 여건과 환경이 필요한데, 이 장에서는 학교 차원, 교육청 차원, 교육부 차원, 교원양성기관 차원으로 나누어 교사리더십 활성화를 위한 과제에 대해 논의한다.

1. 학교 차원의 변화

    교사들이 교사리더십을 발휘하여 교육을 잘 이끌어 나가기 위해서는 학교 차원에서 적절한 여건과 구조를 만들어 주어야 한다. 여기서는 교사리더십 활성화를 위한 학교 차원의 주요 과제에 대해, 1) 교사리더십 발휘 여건 조성, 2) 교장의 역할 재정립, 3) 교사의 교육활동 전념을 위한 제도 변화 세 측면으로 나누어 살펴본다.

1) 교사리더십 발휘 여건 조성

(1) 교사를 덜 바쁘게 하는 여건 조성

교사들이 리더십을 발휘하여 교육을 잘 이끌어 가도록 하기 위해서는 그에 적합한 여건과 환경을 만들어 주어야 한다. 우리나라를 비롯하여 대부분의 나라에서 교육개혁이 상시화되면서 단위학교 및 교사들이 감당해야 할 각종 교육사업이 지속적으로 증가되어 왔다(Fuhrman & Elmore, 2004; Hargreaves, 2003; 양해민, 고재천, 2016; 이호정, 김왕준, 2013). 그래서 현재 대부분의 학교에서 교사들이 각종 '교육사업 속에 파묻혀 있다'고 해도 과언은 아니다(권재원, 2017; 박진환 외, 2013; 정성식, 2014). 안전교육, 인성교육, 돌봄 교실, 방과후학교, 수업개선, 청렴교육 그리고 교육청에 따라서는 혁신학교, 전문가학습공동체 등 교사들이 감당해야 할 과업이 끊임없이 학교로 밀려들어 오고 있다(엄기호, 2014; 이인규 외, 2017; 이중현, 2017).

학교에 부과된 이 교육사업들은 그 어떤 것도 소홀히 할 수가 없다. 왜냐하면 각 사업마다 명분이 있을 뿐만 아니라 각 사업에 정부예산이 투입되고 행정적인 감독이 이루어지기 때문이다. 국가나 교육청이 강제하는 경우에 교사나 학교 입장에서는 그 사업을 수행할 여건과 형편이 되지 않아도, 또 수행하기가 힘들어도 어쩔 수 없이

해야 한다(권재원, 2016; 정성식, 2014). 이런 상황 가운데 각종 교육사업이 학교에 내려올 때 교사들은 처음에는 비록 교육적인 동기에서 시작했을지라도, 너무 많은 사업으로 인해 과부하가 되면서 교육적인 동기는 약해지고 일이나 행정적 과업으로 교육사업을 추진하게 된다(엄기호, 2014; 이인규 외, 2017; 정성식, 2014).

이런 상황에서는 각종 교육사업은 교사들에게 진정한 교육활동이 아니라 처리해야 할 '귀찮은 일거리'가 되고 만다(박진환 외, 2013). 교사들은 교육사업이라는 명분으로 내려오는 수많은 일거리를 마지못해 처리하면서 지쳐 가고 교육적 신념도 리더십도 약해져 가고 있다(권재원, 2017; 박진환 외, 2013). 학교에 부과되는 많은 사업으로 인해 교사들은 때로 학생을 가르치는 교사라기보다는 '교육사업 하는 공무원'이 아닌가 하는 자괴감을 느끼기도 한다(송상호, 2010; 엄기호, 2014). 이와 같이 교사들이 학교에 들어오는 각종 교육사업을 귀찮은 일거리로 여기고 대응하는 한, 그 어떤 교육목표도 제대로 달성할 수 없고 '예산 낭비', '교사들의 소진'만 가져올 뿐이다(박진환 외, 2013; 송상호, 2010; 이인규 외, 2017).

대체로 학교에 들어오는 교육사업을 보면 인성교육이든, 안전교육이든 일단 매뉴얼과 실행 계획이 만들어지고 그 매뉴얼과 실행 계획에 따라 활동이 이루어진다. 그리고 설문지 등을 통해 성과를 평가하고 그 결과를 바탕으로 보고서를 만들어 제출하여 마친다(이인규 외, 2017; 정성식, 2014). 그리고 대부분의 결과보고서에는 사업이 성공적이었다고 기술된다(신철균, 2011). 하지만 교사들은 대체로 이러한 결과보고서를 거의 신뢰하지 않으며, 각종 교육사업이 끝나고 나면 교사나 학생 대부분은 큰 변화 없이 원래의 모습으로 되돌아간다(신철균, 2011; 이성대, 2015; 이인규 외, 2017). 결국 아무리 교육사업을 많이 해도 실질적으로 달라지는 것은 거의 없는 것이다(권재원, 2017; 박진환 외, 2013; 정성식, 2014). 이와 같이 실질적인 변화나 교육적 성과가 없는 사업을 반복해 가면서 지쳐 가고 있는 것이 오늘날 우리 학교와 교사의 모습이다.

교육은 사업이나 매뉴얼로 되는 것이 아니다. 충분히 생각하고 깨닫고 체험할 시간이 주어져야 교육이 제대로 이루어진다. 그렇게 하기 위해서는 기다림과 여유가 필요하다(김안중, 1994; 이홍우, 2008). 그런데 학교에 부과되는 모든 교육사업은 예산이 지원되고 주어진 기간 안에 해내야 하기 때문에 기다릴 여유도 없이 군사작전 하듯이 쫓기며 해내야 한다. 이러한 상황에서는 교사들이 리더십을 제대로 발휘할 수 없다. 교사리더십은 교사들이 교육철학을 바탕으로 차분하게 성찰하면서 교육활동을 수행할 때 발휘되는 것이다(Hargreaves, 2003). 성찰할 여유가 주어지지 않은 상황에서 교사리더십 발휘는 거의 불가능하다.

모든 교육은 여유를 가지고 성찰하면서 신중하게 이루어져야 한다(김안중, 1994). 교사들에게 시간과 여유를 주어야 한다(이홍우, 2008). 교사들로 하여금 각종 교육사업에 쫓기지 않게 해야 하고 교사들을 덜 바쁘게 해 주어야 한다. 그래야 교사들이 리더십을 발휘할 수 있다.

(2) 수업지도와 생활지도에 전념할 수 있는 여건 조성

학교에 각종 교육사업이 부과되면 교사들은 그 사업을 수행하지 않을 수 없고 그 사업으로 인해 시간과 에너지를 빼앗긴다. 그러면 정작 교사들이 해야 할 핵심 교육활동에 쓸 시간과 에너지가 줄어들 수밖에 없다. 교사들이 해야 할 핵심 교육활동은 다른 것이 아니라 교사들이 늘 하고 있고, 앞으로 지속적으로 해 나가야 할 수업지도와 생활지도이다. 수업지도와 생활지도는 어떤 상황과 여건에서도 교사들이 반드시 해야 할 가장 중요한 교육활동이고, 교사들이 책임지고 최선을 다해야 할 핵심적인 과업이다. 교사들이 해야 할 일 중에 수업지도와 생활지도보다 더 중요한 일은 없다. 그런데 수업지도와 생활지도 또한 많은 시간과 에너지를 필요로 하기 때문에 교사들이 수업지도와 생활지도에 전념을 해도 결코 쉽지 않다(권재원, 2017; 박병량, 주철안, 2006). 그런데 우리 학교가 교사들에게 이러한 수업지도와 생활지도 이외에도 수많은 각종 교육사업을 끊임없이 부과하여 교사들의 시간과 에너지를 소진시키고 있는데, 이는 결국 수업지도와 생활지도 소홀로 이어질 수밖에 없다(엄기호, 2014; 이인규 외, 2017; 정성식, 2014). 교사들도 철인(鐵人)이 아니기 때문에 모든 것을 제대로 잘해 내기는 어렵다.

대체로 교사는 수업지도와 생활지도에만 전념해도 시간과 에너지가 부족한 상황인데, 여기에 더하여 추가적으로 교육사업이 부과되면 부족한 시간과 에너지를 쪼개 쓸 수밖에 없고 결과적으로 그 어디에도 충분히 집중하지 못하는 결과를 낳는다(박진환 외, 2013; 윤정, 2018). 여러 교육사업에 교사들이 시간과 에너지를 빼앗기고 동원되느라 교육사업조차 제대로 수행하지 못할 뿐만 아니라, 정작 교사들이 해야 할 핵심 과업인 수업지도와 생활지도도 소홀해질 수밖에 없다. 이러한 상황에서 교실붕괴니 학교붕괴니 하는 말들이 나오는 것은 어찌 보면 당연한 결과일 수 있다(박진환 외, 2013; 송상호, 2010; 이인규 외, 2017). 교실붕괴나 학교붕괴의 원인은 매우 복합적이지만 핵심 원인 중의 하나는 교사들이 수업지도와 생활지도에 전념하지 못했기 때문이다(송상호, 2010; 조영달, 2001; 조용환, 1999).

우리나라 교사들이 수업지도와 생활지도를 소홀히 하고 싶어서 소홀히 하는 것이 아니다. 교사도 수업지도와 생활지도에 전념할 수 있기를 간절히 원한다. 하지만 학교의 잡무와 행정업무, 수시로 내려오는 공문, 교육개혁 한다고 쏟아져 들어오는 각종 교육사업 등으로 인해 수업지도와 생활지도에 전념할 수가 없다. 이런 상황이 누적 · 지속되면서 교사들은 지쳐 가고, 학교 교육은 황폐화되고 있다(박진환 외, 2013; 송상호, 2010; 엄기호, 2014).

그렇다면 어떻게 해야 할까? 다시 기본으로 돌아가야 한다. 교사들이 본래의 핵심 교육활동, 즉 수업지도와 생활지도에 전념할 수 있도록 해 주어야 한다. 학교의 모든 체제 · 구조 · 문화를 교사가 수업지도와 생활지도에 전념하도록 만들어 주어야 한다. 그리고 교사의 수업지도와 생활지도를 침해하거나 방해하는 것이 있다면 단호하게 제거해 주어야 한다. 교사들에게 주어지는 그 어떤 좋은 명분의 교육사업도 교사의 수업지도와 생활지도를 침해하거나 소홀히 하도록 해서는 안 된다. 교사들의 수업지도와 생활지도를 살려야 한다. 안전교육도, 인성교육도, 다문화교육도 그 어떤 교육도 수업지도와 생활지도 안에 다 들어 있고, 수업지도와 생활지도 안에서 다 할 수 있다. 교사들이 수업지도와 생활지도를 충실히 하면 그 모든 교육을 다 제대로 할 수 있다. 안전교육, 인성교육, 다문화교육을 별도로 수행하느라 에너지를 다 빼앗기고, 정작 수업지도와 생활지도는 소홀히 하는 우를 범하지 않도록 해야 한다. 이는 모두 함께 망하는 길이다. 교사들이 수업지도와 생활지도에 전념할 수 있는 정상적인 상황이 되어야 교사리더십을 제대로 발휘할 수 있다.

(3) 학교의 교육생태계 활성화 여건 조성

학교와 교실은 살아 있는 생물체와 같은 조직이다(한숭희, 2001). 따라서 교육정책이나 교육사업이 학교에 들어올 때 복잡한 생태학적 적응 과정을 거치게 된다(정진화, 2016; 최상덕 외, 2014). 어떤 교육정책이나 교육사업도 교육부나 교육청의 계획대로 받아들이는 것이 아니라 각 학교에서 각 학교의 사정이나 형편을 기반으로 그들의 맥락에서 받아들인다(Hargreaves & Fullan, 2012). 예를 들어, 교육부나 교육청에서 각 학교에 인성교육을 하라고 지침을 내려 주면 각 학교에서는 교육부나 교육청의 의도와 계획대로만 인성교육을 실시하는 것이 아니라 각 학교와 상황과 맥락에 따라 적용·응용·변형시켜서 인성교육을 실시한다. 이러한 모습은 교육생태계의 자연스러운 모습이다(한숭희, 2001). 그런데 인성교육이든 안전교육이든 과도한 부담을 주거나 지나치게 강요를 하면 교사 및 학교의 교육생태계는 왜곡이 되거나 뒤틀린다(엄기호, 2014; 이혁규, 2015). 인성교육이나 안전교육이 아무리 중요하고 필요해도 그 학교의 교육생태계 속에서 자연스럽게 이루어지도록 해야지, 교육생태계를 무시하고 일방적으로 밀어붙이면 그 어떤 교육도 제대로 이루어질 수 없다는 것이다.

지금까지 학교에 부과되었던 수많은 교육 제도나 정책, 교육사업이 제대로 성공하지 못했던 데에는 이러한 학교 교육생태계에 대한 이해와 고려의 부족도 하나의 큰 원인이다(신현석, 2010; 안병영, 하연섭, 2015; 이혁규, 2015). 학교의 변화, 교실의 변화, 교사의 변화는 결코 행정적, 재정적 통제나 관리로 이루어 질 수 있는 것이 아니다(Hargreaves & Fullan, 2012; Kaufman, 1995).

따라서 학교 현장에서 교육정책이나 개혁이 제대로 이루어지려면 학교생태계에 대한 이해의 토대 위에서 추진되어야 한다(한숭희, 2001). 교육정책 담당자들도 교육정책이나 제도, 교육사업 등을 추진하는 과정에서 학교생태계를 적극 고려해야 한다. 학교생태계에 대한 고려 없이 교육정책이나 제도, 사업을 밀어붙이면 그 어떤 것도 제대로 성공하지 못할 뿐만 아니라 학교의 교육적 기능마저 훼손시킬 수 있다. 다양한 교육사업 추진과 관련하여 건강한 학교생태계와 훼손된 학교생태계를 그림으로 나타내면 다음과 같다.

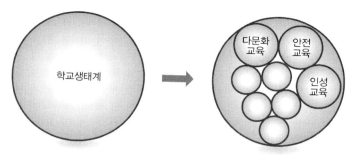

[건강한 학교생태계]

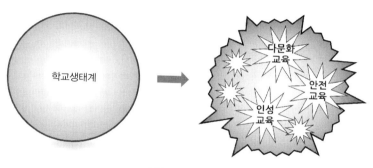

[훼손된 학교생태계]

[그림 5-1] 학교생태계의 건강성

　학교의 교육생태계가 성장, 발전하려면 [그림 5-1]의 위 그림과 같이 어떤 교육 제도나 정책이 학교에 들어올 때 그 교육생태계 내에서 잘 소화·흡수되어 새로운 교육생태계로 진화해야 한다. 반면, [그림 5-1]의 아래 그림은 어떤 교육 제도나 정책이 학교에 들어왔으나 그 학교생태계 내에서 잘 소화·흡수되지 않아 학교 교육의 걸림돌이 되며 생태계가 파괴되는 모습이다. 그렇게 되면 그 어떤 교육정책이나 사업도 성공하기 어렵다.

　교육생태계 차원에서 접근하기 위해서는 생태계의 특성에 대해 이해해야 하는데, 그중의 하나가 생태계의 변화에는 시간이 필요하다는 것이다(최상덕 외, 2014; 한숭희, 2001). 교육 제도나 정책, 교육개혁을 성공시키고자 한다면 학교나 교사들에게 시간을 주고 기다려 주어야 한다. 교육 제도나 정책, 또는 새로운 교육개혁 방안이 학교에 들어와 제대로 시행되기 위해서는 그 학교생태계에 자리잡을 시간이 필요하다. 교육 제도나 정책, 교육개혁 방안을 학교에서 추진하게 해 놓고, 1~2년 내에 완료하고 성과를 내라고 하는 것은 학교의 교육생태계에 대한 몰이해에 기반한 것으로 철저히 지양해야 한다(정은균, 2017; 한숭희, 2001). 교사리더십 역시 교육생태계에 대한 고려가 필요하며, 또한 교육생태계가 활성화되어 있는 환경에서 가장 잘 발휘될 수 있다(Harris, 2003; Lieberman, 2002).

(4) 공동체로서의 학교 활성화 여건 조성

교사리더십이 잘 발휘되기 위한 또 하나의 중요한 기반은 학교공동체의 활성화이다(Katzenmeyer & Moller, 2009). 학교 내에서의 권위적 위계체계는 과거 국가가 교육을 통제하던 시대에 적합한 체제이다(정진화, 2016). 국가의 방침대로 일선 학교 교사들이 따르도록 하기 위한 장치가 권위적 위계체계인데, 과거에는 이러한 체제가 필요하기도 했다(Fullan, 2005). 하지만 오늘날은 구성주의 인식론을 포함한 새로운 교육 패러다임으로 인해 국가의 일방적 지시나 지침이 아닌 구성원, 즉 교사들의 자율과 재량을 바탕으로 교육활동을 운영해 가는 것이 주류인 시대가 되었다(강인애, 1997; 한유경 외,

2018). 이러한 새로운 교육 패러다임 시대에 권위적 위계체계는 적합하지 않은데, 교사의 변화에 대한 적응 및 지식 구성을 방해할 수 있기 때문이다(Harris, 2003). 즉, 권위적 위계체계는 새로운 학교, 교육 체제에는 더 이상 적합하지 않다는 것이다.

새로운 교육 패러다임에서는 위계적인 학교 체계가 아니라 공동체로서의 학교가 더 적합하다(이중현, 2017; Hargreaves & Fullan, 2012; Sergiovanni, 1994a). 새로운 시대의 교사는 복잡한 교육 상황 속에서 동료교원들과 함께 전문성을 바탕으로 자율적으로 교육활동을 수행해 나가야 한다. 국가가 답을 주는 것이 아니라 교사들이 끊임없이 연구하고 성찰하면서 답을 찾아나가며 교육활동을 수행해야 한다(서경혜, 2015; Sahlberg, 2011). 그런데 교육 상황은 더욱 복잡화 · 고도화되어 가기 때문에 교사 혼자서 답을 찾아 나가는 것이 더욱 어려워지고 있다. 동료교원들과 함께, 때로는 학생들과 함께, 또는 학부모 및 지역사회와 함께 답을 찾아 나가는 것이 이제 교육의 큰 흐름이 되었다(한대동 외, 2009; 한희정, 2015; Lieberman & Miller, 2004).

따라서 교사들은 공동체의 필요와 가치를 충분히 깨닫고 학교 공동체에 적극 참여해야 한다. 권위주의 체제에서는 위에서 내려온 지침에 따라 맡은 일만 열심히 하면 되었지만, 새로운 공동체 패러다임 체제에서는 혼자서만 열심히 해서는 한계가 있고 반드시 동료교원들과 함께해야 한다(Hargreaves & Fullan, 2012; Sharan & Chin Tan, 2008). 이제는 공동체에 잘 적응하며 공동체를 잘 활용하는 교사가 성공하는 시대이다(Harris & Muijs, 2005: 13; Sergiovanni,

1994a). 따라서 학교 구성원들도 새로운 교육 패러다임에 따라 교육공동체 구축을 위하여 적극 노력해야 한다. 이를 위해서 학교 내의 다양한 공동체를 활성화시켜야 한다. 새로운 공동체를 만드는 것도 중요하지만 먼저 지금 있는 공동체들을 활성화시킬 필요가 있다. 예를 들어, 모든 학교마다 해당 학년 교사들끼리의 모임인 학년공동체, 해당 교과 교사들끼리 모임인 교과공동체가 이미 존재하고 있으니 이를 먼저 활성화시켜야 한다.

새로운 공동체는 철저히 교사들의 필요나 상황 맥락을 바탕으로 만들어져야 한다. 최근 들어 활성화되고 있는 '교사학습공동체'도 하나의 좋은 대안이 될 수 있다(서경혜, 2015). 한 가지 명심해야 할 점은 '공동체를 위한 공동체'를 만드는 것은 철저히 지양해야 한다는 것이다. 공동체가 필요하다고 해서 마치 행정 과업 수행하듯이 억지로 만들어서는 안 된다. 철저히 교사들의 필요나 욕구, 자발성과 자율성을 바탕으로 공동체가 만들어져야 한다. 교사나 학교의 필요에 기반하여 공동체가 만들어져야지 외부의 힘이나 요구에 의해 만들어져서는 안 된다.

교사공동체뿐만 아니라 교사, 학생, 학부모 등이 함께하는 학교공동체, 학교 울타리를 넘어 지역사회와 함께하는 공동체 등도 앞으로 더욱 활성화될 것이다. 이러한 흐름에 따라 과거의 권위주의적 학교 패러다임에서 공동체적 학교 패러다임으로의 시급한 전환이 필요하며, 이러한 전환은 교사리더십이 발휘될 수 있는 여건을 만들어 준다는 점에서 교사리더십 활성화를 위한 중요한 기반이다.

2) 교장의 역할 재정립

학교에서 교사들을 돕고 지원해 주는 것은 교장의 역할이다. 따라서 성공적인 교육을 위해 교장의 역할 또한 매우 중요하다(서정화외, 2002). 교사들이 학교에서 리더십을 발휘하여 교육 성과를 내느냐 못 내느냐의 여부도 상당 부분 교장에게 달려 있다고 해도 과언은 아니다(Sergiovanni, 2006). 교장은 교사들의 교육활동에 대한 촉진자, 지원자이면서 동시에 공동 책임자이다(Levinson, 2011).

새로운 시대에는 교장 역시 이러한 책임을 다하기 위해 새로운 교육 패러다임에 기반을 두고 자신의 역할을 감당해야 한다. 과거의 중앙집권적 패러다임을 기반으로 한 권위적 역할관(役割觀)을 과감하게 버리고, 공동체 패러다임을 기반으로 한 협력적 역할관으로 빨리 전환해야 한다(Sergiovanni, 2001a). 교장은 이제 더 이상 학교를 통제·관리하는 학교 내에서 '최고위직', '어른'이 아니다(Murphy, 2005). 교장은 교사들이 수업지도와 생활지도를 잘할 수 있도록 도와주고, 지원해 주며, 촉진해 주는 '협력자'이자 '조력자'이며 '전문가'이다. 교장은 학교 위계 구조에서 가장 높은 위치에 있는 '우두머리'가 아니라 학교공동체의 핵심적인 한 '구성원'이다(Hargreaves & Fullan, 2012). 교사들이 리더십을 발휘하여 교육활동을 잘 수행하도록 하기 위해 교장의 역할도 새롭게 재정립되어야 한다.

(1) 수퍼리더로서 교장

이러한 맥락에서 교장에게 새롭게 요구되는 역할이 바로 수퍼리더십이다(Sergiovanni, 2001a). 수퍼리더십은 '조직 구성원들을 스스로 판단하고 행동하며 그 결과도 책임지도록 하는 자율적 리더로 만드는 리더십'이며, '리더의 리더'라고 할 수 있다(Manz & Sims, 1991: 19-20). 즉, 수퍼리더인 학교장은 리더인 교사들의 리더이다. 수퍼리더인 교장은 우선 교사를 리더로 인정하고, 리더인 교사들이 자율성을 가지고 교육활동을 책임 있게 수행할 수 있도록 적극 돕고 지원해 주어야 한다. 그리고 수퍼리더인 교장은 교사들이 리더십 역량과 자질을 갖출 수 있도록 적극 도와주고 안내해 줄 수 있어야 한다(Manz, 1983).

  수퍼리더인 교장에게 교사는 더 이상 교장의 지시나 명령에 복종해야 하는 팔로워가 아니고 교장과 동등한 교육리더이다(Sergiovanni, 2006). 교사가 교육활동을 통해 주로 학생들에게 리더십을 발휘한다면, 교장은 그러한 리더인 교사가 교육활동을 잘 수행할 수 있도록 리더십을 발휘한다. 다시 말해, 교장과 교사는 리더십을 발휘하는 주요 대상과 그 리더십 역할이 다를 뿐이지 모두 동등한 교육 리더라는 것이다. 교장이 리더인 교사를 도와주는 리더십을 발휘하기 위해서는 우선적으로 리더십의 본(model)을 보여야 한다(Manz & Neck, 2003). 교장은 강압적이고 통제적인 리더십이 아닌 교사와 공동체를 이루어 함께 협력하면서 교육목표를 달성해 가는 리더십의 모범을 보여 주어야 하는 것이다. 리더인 교사들은 이러한 교장의 리더십을 보고 배우며 자신의 리더십도 갖춰 나간다(Manz, 1983).

  그리고 교사들이 리더십을 잘 발휘할 수 있도록 하기 위해서는 수퍼리더인 교장이 교사들을 적극적으로 격려·자극·촉진할 수 있어야 한다. 교사들이 리더십을 제대로 잘 발휘하는 것은 결코 쉽지 않다. 교사들이 리더십을 발휘하는 과정에서 때로는 갈등하고 좌절하며 상처를 받기도 한다(Lieberman & Miller, 2004; Sleeter, 2007). 바로 이러한 교사들을 위해 교장이 격려하고, 위로하며, 촉진하고, 도와줄 수 있어야 하는 것이다. 즉, 교사가 리더십을 발휘하는 과정에서 힘들고 어려운 상황을 맞이할 때 이 상황을 잘 극복해 갈 수 있도록 도와주는 것이 교장의 리더십이며 수퍼리더십이다.

한편, 현대 사회에서 다양화, 개인화 현상이 보편화되면서 학교에서 교사가 가르쳐야 할 학생들의 특징과 개성도 훨씬 더 복잡해졌다(이경숙, 2017; Sahlberg, 2011). 이로 인해 교사가 학생을 지도하기가 점점 더 힘들어지고 있으며, 교사들의 소진과 상처 또한 더욱 커지고 있다(김은주, 2017; 이영만, 2016; 허난설, 2015). 이러한 소진과 상처로부터 회복되지 않으면 교사는 교육활동을 정상적으로 수행하기 어려울 수 있다(송상호, 2010; 이영만, 2016; 이인규 외, 2017). 교사가 이러한 어려움과 좌절을 이겨 내고 교육활동에 전념할 수 있도록 이끌어 주는 것 또한 수퍼리더십이다.

교사들을 도와주는 수퍼리더로서의 역할을 제대로 잘 감당하기 위해서는 교장 역시 그에 걸맞은 리더십을 갖춰야 한다(Sergiovanni, 2001a). 예를 들어, 교장은 교사의 다양한 문제 상황과 어려움에 대해 이야기를 나누며 상담해 줄 수 있는 상담역량을 갖추어야 하고, 힘들어하는 교사를 넓은 마음으로 품어 줄 수 있는 큰 마음도 가지고 있어야 한다. 그리고 무엇보다도 교사의 삶과 정서에 공감할 수 있는 공감역량도 필요하다. 아울러 교사들의 교육활동을 돕고 지원하기 위해서 교육과정 및 교육활동에 대한 전문적 역량도 함께 갖추어야 한다. 이와 같이 리더인 교사를 돕는 교장의 수퍼리더로서의 역할은 매우 넓고 막중하다.

새로운 시대의 교장은 새로운 시대에 적합한 수퍼리더십을 갖춰야 한다. 그리고 이제 교장 자리는 경쟁을 뚫고 승진해서 올라가는 높은 자리가 아니라 차원 높은 리더십을 발휘해야 하는 고도의 전문직 자리임을 명심해야 한다(Danielson, 2006). 아울러 교장의 중심 역할은 교사들을 리더로 키워 주는 수퍼리더십을 발휘하는 것임을 인식하고 새로운 교장상을 정립할 필요가 있다. 또한 교장을 선발·교육시키는 과정도 이러한 교장의 수퍼리더십에 기반을 두고 이루어져야 하며 수퍼리더십 역량을 갖춘 사람이 교장이 될 수 있는 제도적 장치도 마련되어야 한다.

(2) 교사의 교육력 촉진

앞에서 언급한 바와 같이 교사의 가장 대표적인 과업은 수업지도와 생활지도이다. 이러한 수업지도와 생활지도의 역량이 교사의 교육력(敎育力)이다(김성열, 2004; 허병기, 2003). 교사의 교육력은 수업지도와 생활지도를 해 나가는 전문적인 힘이다(문낙진, 1993). 따라서 교사에게 교육력이 있다는 것은 수업지도와 생활지도를 잘한다는 것이고, 교육력이 부족하다는 것은 수업지도와 생활지도를 잘하지 못한다는 것을 의미한다. 학교 교육이 살아나고 국가 교육이 잘

되기 위해서는 모든 교사의 교육력이 살아나야 한다. 아무리 시대와 사회가 변하고 4차 산업혁명 시대가 도래해도 결코 변하지 않는 것은 교사의 핵심 역할은 수업지도와 생활지도라는 사실을 명심해야 한다(류태호, 2017; 임종헌, 유경훈, 김병찬, 2017). 교사들이 수업지도와 생활지도를 제대로 못하거나 소홀하면 그 어떤 시대가 와도 결코 교육은 성공할 수 없다. 성공적인 교육을 위해서는 그 어느 시대를 막론하고 교사들이 수업지도와 생활지도에 집중할 수 있도록 해 주어야 하고 교사들이 그 역량을 최대한으로 발휘할 수 있도록 지원해 주어야 한다.

　　교장의 핵심적인 역할도 바로 교사들이 수업지도와 생활지도를 잘할 수 있도록 돕고 지원하며 촉진해 주는 일이다(허병기, 2003; Sergiovanni, 2006). 교사들이 수업지도와 생활지도를 잘할 수 있도록 돕는 일은 여러 차원에서 가능하다. 우선 교장은 교사들이 수업지도와 생활지도에 집중하고 전념하는 데 방해가 되는 것들을 단호하게 막아 주어야 한다. 학교 교육의 책임자로서 교장은 교사의 수업지도와 생활지도에 최고의 가치를 부여하고 교사들이 수업지도와 생활지도에 전념할 수 있도록 적극 지원해 주어야 한다. 교장은 교사들의 수업지도와 생활지도가 침해받지 않도록 그 모든 것으로부터 철저히 보호해 주어야 한다. 교사들의 수업지도와 생활지도를 보호하기 위해 교육부나 교육청으로부터 오는 공문이나 지침도 적절히 통제하거나 걸러 낼 수 있어야 한다. 특히 '전시행정(展示行政)'이나 '보여주기식' 과업에 대해서는 교장이 먼저 단호하게 거절할 수 있어야 한다. 나아가 교장은 교사들이 수업지도와 생활지도에 시간과 에너지를 더 투자하도록 적극 지원해 주어야 한다.

　교장은 교사의 수업지도와 생활지도의 역량을 개발하고 향상시키는 데에도 적극 관심을 기울여야 한다(서정화 외, 2002; Sergiovanni, 2006). 교장이 관심과 노력을 기울인 만큼 교사의 수업지도와 생활지도 역량이 향상될 수 있다. 한편, 교장은 교사가 수업지도와 생활지도를 잘할 수 있도록 적극 도와주어야 하지만, 자칫 이것이 교사들의 수업지도나 생활지도에 대한 간섭이나 통제가 되어서는 안 된다. 어디까지나 교사들의 수업지도나 생활지도의 자율성과 전문성을 충분히 인정해 주고 그 기반 위에서 교사들을 도와주어야 한다. 그리고 교장이 다 해결해 주겠다고 욕심을 부려서도 안 된다. 교장이 직접 해결해 줄 수 있는 것도 있지만 해결할 수 없는 것도 많다. 교장이 해결할 수 없는 것들은 그러한 문제를 해결해 줄 수 있는 적절한 기관이나 사람을 찾아 연결해 주거나 환경을 만들어 주면 된다(서정화 외, 2002).

　또한 교사들이 수업지도나 생활지도와 관련하여 어려움이나 문제를 공동으로 해결해 갈 수 있는 학습공동체(professional learning community)를 만드는 일도 교장의 중요한 역할이다(서경혜, 2015; 이중현, 2017). 교장은 교사들이 수업지도나 생활지도를 하면서 겪는 어려움이나 문제를 공동으로 함께 학습하며 해결할 수 있는 학습공동체 장을 마련해 주어야 한다. 교육 상황의 복잡성이 증가하면서 교사 사이의 협력 및 공동학습의 필요성이 더욱 증가하고 있다(Hargreaves & Fullan, 2012; Lieberman & Miller, 2004). 교장은 이러한 교사들의 필요에 따라 적극적으로 교사학습공동체를 촉진해 줄 수 있어야 한다(이중현, 2017).

한편, 교장은 교육이 잘되도록 하기 위해 학부모들과 적극 협력할 수 있어야 한다(이종각, 2014). 하지만 이 과정에서도 교사들의 수업지도와 생활지도를 침해하지 않도록 해야 한다. 교사들이 수업지도와 생활지도에 집중, 전념할 수 있도록 학부모들의 과도한 간섭이나 개입에 대해서는 교장이 단호하게 막아 줄 수 있어야 한다. 교사들의 교육력, 특히 수업지도와 생활지도의 역량을 극대화시켜 주는 것은 그 어느 시대를 막론하고 교장에게 요구되는 가장 핵심적인 역할이다. 교장이 이러한 역할을 해 줄 때 교사들은 수업지도와 생활지도를 하면서 제대로 된 교사리더십을 발휘할 수 있다.

3) 교사의 교육활동 전념 여건 조성

교사들이 교육활동에 전념하고 리더십을 발휘하도록 하기 위해서는 교사 및 교장의 노력과 아울러 학교 체제나 구조, 문화도 바뀌어야 한다. 그런데 어느 조직이든 체제나 구조, 문화를 변화시키는 것은 쉽지 않으며 많은 시간과 노력을 필요로 한다. 하지만 이러한 변화를 소홀히 해서는 안 되고 장기적인 방향과 전략을 가지고 꾸준히 추진해 가야 한다. 교사들이 리더십을 발휘하여 교육활동을 적극적으로 수행해 나가도록 하기 위해서는 다양한 측면에서 학교 체제, 구조, 문화의 변화가 필요한데, 이 절에서는 교사리더십 발휘를 위해 매우 중요하다고 생각되는 두 가지 과제, 즉 교원승진제도와 전보제도 폐지에 대해 논의한다.

(1) 교원승진제도 폐지

앞에서도 언급했듯이 모든 교사의 핵심적인 과업은 수업지도와 생활지도이며, 학교 체제와 구조도 교사들이 수업지도와 생활지도에 전념할 수 있도록 구축되어야 한다. 그런데 우리나라의 교원승진제도는 교사로 하여금 수업지도와 생활지도에 전념하게 하는 것이 아니라 오히려 수업지도와 생활지도를 소홀하게 하는 기제로 작용하고 있다(김병찬, 임종헌, 2017; 이성대, 2015; 이인규 외, 2017). 교사들이 수업지도와 생활지도에 전념하도록 하기 위해서는 이러한 교원승진제도 폐지를 적극 고려해 볼 필요가 있다. 승진제도는 중앙에서 모든 것을 관리하는 중앙집권적, 권위적 패러다임 시대에 적합한 교사관리제도이다(박진환 외, 2013; 박한숙, 정태근, 2017; 서정화 외, 2002). 하지만 구성주의적·분권적 패러다임의 시대가 도래한 현대 사회의 학교에서는 중앙의 지침보다 각 개별 학교 현장의 맥락과 상황이 더욱 중요해졌다(이성대, 2015; 이중현, 2017). 각 개별 교사가 자신의 학급, 학생의 상황과 맥락에 맞게 주체적으로 리더십을 발휘하여 전문적으로 교육을 이끌어 가는 것이 매우 중요한 시대가 되었다(윤정, 2018; 이인규 외, 2017; Fullan, 2005). 이제는 교육부나 교육청에서 시키는 대로만 하는 것이 아니라 각 교사가 주체적인 책임의식을 가지고 교육을 만들어 가야 하는 시대이다(나민주 외, 2015). 이러한 시대의 학교에서 위계 체계를 기반으로 한 승진제도는 적합하지 않다. 교원승진제도는 변화된 패러다임에 따른 교사들의 교육활동을 지원·촉진하는 데 한계가 있는 것은 물론이고 오히려 방해가 될 수 있다(신현석, 2010; 오찬숙, 2016; 한유경 외, 2018). '새 술은 새 부대에 담아야'(성경, 마태복음 9:17) 하듯이 과거 체제에 적합했던 교원승진제도를 폐지하고 새 시대에 맞는 제도를 만들어야 한다.

이미 많은 연구(강일국, 문희경, 2009; 김명수, 2005; 나종민 외, 2015; 서정화, 송영식, 2004; 정진곤, 2006)에서 우리나라 교원승진제도의 폐해를 지적하며 개선 및 폐지를 요구하고 있다. 교사들이 승진 점수를 따기 위해 행정활동이나 외부활동에 시간을 빼앗기면서, 또는 승진 점수를 부여하는 연구대회에 나갈 작품을 만들기 위해 정작 교사가 해야 할 핵심적인 교육활동인 수업지도와 생활지도를 소홀히 한 사례가 많이 나타나고 있다(강일국, 문희경, 2009; 박홍희, 2010). 이와 같이 교사의 핵심적인 교육활동인 수업지도와 생활지도 향상에 도움이 되기보다는 오히려 침해받을 수 있는 교원승진제도는 이제 폐지되어야 한다. 학교에서 승진제도를 폐지해도 큰 문제는 없다. 물론 교원승진제도가 폐지되면 현재 승진을 눈앞에 두고 있거나, 승진을 위해 준비해 온 교사들은 허탈감을 느낄 수도 있을 것이다. 하지만 이런 교사들에게 별도의 보상을 해 주더라도 교원승진제도는 폐지해야 한다. 승진을 준비한 소수 교사의 허탈감보다 승진제도가 학교 교육에 주는 폐해가 훨씬 더 크기 때문이다.

한편, 교원승진제도를 폐지하면 교육청이나 교장의 학교 관리 및 통제가 힘들어질 수 있다는 지적도 있다(서정화 외, 2002). 지금까지 승진제도를 기반으로 교사들을 움직이고 교육청 사업을 수행해 왔는데 승진제도가 없어지면 교사들이 따르지 않을 것이라는 이유 때문이다. 하지만 이런 염려에 대해 재고해 볼 필요가 있다. 승진 점수 때문에 억지로 참여한 활동은 대부분 성과 위주의 형식적 활동인 경우가 많다. 이런 활동을 통해 진정한 교육적 효과를 기대하기는 어렵다. 즉, 승진제도를 통해 교사들을 억지로 움직이는 것은 그 어떤 교육활동이든 진정한 교육적 효과를 거두기 어려운 것이다. 이제 교육청이나 교장도 새로운 패러다임에 빨리 적응해야 한다. 승진 점수를 매개로 하여 강제로 교사를 움직이는 접근은 더 이상 적합하지 않으므로 과감하게 포기하고, 새로운 패러다임에 맞게 교사들을 지원·촉진할 수 있는 방안을 마련해야 한다. 승진제도를 통해서 교사를 움직이려는 접근은 낡은 방식일 뿐이며 교육적이지도 않다.

또한 교원승진제도는 보편적인 제도도 아니다. 미국, 영국, 프랑스, 독일, 호주, 캐나다, 핀란드와 같은 교육 선진국 중에서 그 어느 나라도 교원승진제도를 갖고 있는 나라는 없다(안병곤 외, 2000; 정일환 외, 2012; Sahlberg, 2011). 교육 선진국들도 가지지 않은, 그리고 교육적이지도 효과적이지도 않은 교원승진제도를 우리가 더 이상 유지해야 할 이유는 없다. 교원승진제도가 폐지되면 교장, 교감은 누가 되고 어떻게 뽑아야 하는가 하는 문제가 생길 수도 있으나 방법은 간단하다. 일정한 자격과 역량을 갖춘 교사 중에 공모를 통해 뽑으면 된다. 엄격한 자격기준을 마련하고 공모 과정에서 철저한 평가와 심사를 거친다면 얼마든지 훌륭한 교장을 뽑을 수 있다. 공모에 따른 교직 사회의 혼란이나 정치화(政治化)에 대한 염려가 있을 수 있으나 우리는 이미 일부이기는 하지만 별다른 혼란 없이 공모를 통해 교장을 뽑고 있기도 하다(박상완, 2010; 박수정, 황은희, 2011; 양민석, 정동욱, 2015; 주창범, 강소량, 2012). 설령 공모에 따른 부작용이 있다 하더라도 승진제도의 폐해에는 비할 바가 아니다.

　교원승진제도 폐지와 함께 교장, 교감을 공모로 선발한다고 할 때 반드시 선행되어야 할 것이 있다. 그것은 바로 교장, 교감의 역할을 새롭게 정립하는 일이다. 현재 우리나라는 교장, 교감의 역할과 관련하여 과거 패러다임과 새로운 패러다임이 혼재되어 있어 교장, 교감이 권위적이지도 못하고 민주적이지도 못한 매우 어정쩡한 상태에 있다(김병찬, 2008a; 서정화 외, 2002; 이봉재, 강경석, 2016; 차성현, 이재덕, 2015). 현재 우리나라의 교장은 여전히 존재하는 위계적·중앙집권적 체제에 의해 권위적인 역할을 수행해야 하고, 또한 분권적 패러다임에 의해 학교공동체의 활성화 및 민주적 역할도 수행해야 한다(서정화 외, 2002; 한유경 외, 2018; Sergiovanni, 2001a). 그 때문에 그 어느 쪽으로도 방향을 잡지 못하고 방황하는 것이 오늘날 교장의 모습이다(권재원, 2016; 박진환 외, 2013).

　현재는 교육 패러다임 변화에 따라 교장의 역할도 변해 가는 과도기라고 할 수 있다. 따라서 하루 빨리 과거의 중앙집권적·권위주의적 패러다임에 의한 교장, 교감의 역할이 아닌 새로운 공동체적·구성주의적 패러다임에 따른 역할이 정립되어야 한다(Harris & Muijs, 2005; Sergiovanni, 2006). 그리고 분명한 것은 이러한 새 시대의 학교에서 교사들의 교육력을 향상시키는 데 있어 교원승진제도가 더 이상 적합한 제도가 아니라는 것이다.

교원승진제도가 유지되는 한 교사리더십 발휘는 한계를 가질 수밖에 없다. 또한 승진을 위한 점수 따기 경쟁은 교사리더십 발휘의 큰 걸림돌이 될 수 있다(이성대, 2015; 이중현, 2017). 승진 점수에 얽매여 교사들이 교육활동에 전념하지 못할 뿐만 아니라 교사의 자율성과 전문성이 훼손될 수 있기 때문이다. 교사가 수업지도와 생활지도에 전념하며 리더십을 발휘하여 자율적·전문적으로 교육활동을 이끌어 나가도록 하기 위해서 교원승진제도는 조속히 폐지되어야 한다.

(2) 교사전보제도의 폐지

교사들이 주체적으로 책임감을 가지고 리더십을 발휘하여 교육을 이끌어 가기 위해서는 교사전보제도 또한 폐지되어야 한다. 교사의 통근거리, 학교 및 학생의 지역적 특성 등의 이유로 공립학교에서 교사들이 4~5년마다 학교를 옮기는 전보제도가 시행된 지 50년이 넘어서고 있다(강환국, 1995).

이 제도가 도입된 시대에는 대중교통 수단도 발달되지 않았고 지역 간 격차도 컸기 때문에 공립학교 교사들의 근무 여건 형평성을 조정해 준다는 취지에서 나름대로 의미가 있는 제도였다(김갑성, 주현준, 2013). 하지만 교통수단이 발달하고 생활권이 광역화된 오늘날 근무 여건의 형평성 문제는 많이 해소되어 교사전보제도의 도입 취지가 많이 약해졌다(윤정일, 이훈구, 주철안, 2004; 한유경 외, 2018). 따라서 이제 교사전보제도를 폐지하는 과감한 발상의 전환이 필요하다.

교사전보제도의 가장 큰 문제는 이 제도로 인해 학교 조직이 '조직화된 무질서조직'이 되어 가고 있으며, 어수선함과 혼란이 일상화되어 가고 있다는 점이다(김영식 외, 2012; 성준우, 허병기, 2015; Cohen, March, & Olsen, 1972). 현재 우리나라의 공립학교에서 기본적으로 5년 근무를 기준으로 다른 학교로 옮겨 가는 전보제도가 시행되고 있는데, 보통 교사가 학교를 옮겨 새로 적응하는 데 1~2년이 걸리고 뭔가 계획하여 일을 추진해 보는 데 2~3년이 걸린다. 그래서 4~5년 차가 되면 익숙해지는데, 5년이 지나면 또 다른 학교로 옮겨 가야 한다. 이러한 과정이 반복되면서 교사들은 어느 학교에도 완전히 적응하지 못하고 늘 옮겨 다녀야 하는데, 이 과정이 혼란스럽고 불안정하다(신현석, 2010; 윤정, 2018). 교사들이 늘 옮겨 다니는 불안정한 상황에서 안정적인 교육을 기대하기는 어렵다.

더군다나 교사전보제도는 교사 중심 제도이다. 즉, 교사들의 필요에 의해 만들어진 제도이지 학생들의 필요 때문에 만들어진 제도가 아니라는 것이다(김갑성, 주현준, 2013; 황준성, 2001). 교사전보제도의 시행으로 교사들의 근무 여건은 공평해졌을 수 있다. 하지만 학생들에 대한 교육효과는 어떤가? 교사들이 어수선하고 혼란스러우면 그 폐해는 고스란히 학생들이 받는다. 학교를 옮겨 새롭게 적응해야 하는 교사에게 새 학교는 낯설고 서툴 수밖에 없다. 그러한 상태에 있는 교사에게 배우는 학생들도 또한 그만큼 영향을 받는다.

궁극적으로 학교 교육은 학생들의 전인적인 성장과 교육적 효과를 극대화시키는 것이 목표이다(이돈희, 1983). 그러한 목표를 달성하기 위해서는 교사들이 안정적으로 교육활동에 전념할 수 있어야 한다. 그런데 교사전보제도는 그러한 전념에 방해가 되는 제도인 것이다. 학교의 교육목표를 고려할 때 학생 중심이 아닌 교사 중심의 제도인 전보제도는 재검토되어야 한다.

뿐만 아니라 교사전보제도는 앞에서 언급한 학교의 교육생태계를 고려하지 못한 제도이기도 하다(이혁규, 2015; 윤정, 2018). 학교에서 교사와 학생 간의 관계는 기계적인 관계가 아니다. 학교에서 교사와 학생 사이, 교사와 교사 사이 등 여러 관계에 있어서 독특한 정서, 분위기, 문화가 형성된다. 그러한 정서, 분위기, 문화는 학교 교육활동에 큰 영향을 미치며, 오랜 시간에 걸쳐 만들어져 축적되고 유지되어 그 학교의 풍토가 된다(한승희, 2001). 아이들은 이러한 풍토와 문화 속에서 교육받고 성장한다. 그런데 전보제도로 인해 교사들이 옮겨 가면 그 학교에서 형성되었던 풍토와 문화는 무너지고 이로 인해 학생들은 혼란을 겪을 수밖에 없다. 교육이 단순한 지식의 거래관계가 아니고 교사와 학생 사이의 전인격적 관계라는 면을 고려해 본다면 교사와 학생 사이의 정서, 분위기, 문화는 매우 중요하다(Murphy, 2005). 그런데 교사전보제도는 이러한 학교의 정서, 분위기, 문화를 안정시키지 못하고 혼란스럽게 만들 수 있다(윤정, 2018; 정진화, 2016).

주요 선진국 중에서 공립학교에 교사전보제도를 가지고 있는 나라 또한 없다(김병찬, 2017a; 정일환 외, 2012). 이제 우리도 과감하게 공립학교에서 교사전보제도를 폐지하여 교사와 학교가 안정적인 교육을 할 수 있는 풍토를 만들어 주어야 한다. 전보제도 폐지에 따라 당분간은 갈등이 있을 수 있겠으나 적절한 대안을 마련하면 갈등을 줄여 나갈 수 있다. 교사가 옮겨 다니지 않고 한 학교에 계속 근무하면 분명 학교에 대한 주인의식, 주체의식이 높아질 것이고 이러한 주체의식은 책임감의 발휘로 나타나 결국 학생교육의 성과로 이어질 것이다. 그리고 이러한 여건이야말로 교사들이 장기적인 비전과 목표 가운데 학교에서 교사리더십을 제대로 발휘할 수 있는 여건이 되는 것이다.

2. 교육청 차원의 변화

우리나라에서 교육청[1]은 지역의 교육정책, 교육행정, 교육복지 등 제반 업무를 담당하는 교육행정기관이다. 따라서 교육청의 역할에 대해 논의하기 위해서는 모든 것을 종합적으로 논의를 해야 하지만 교육청의 역할을 종합적으로 논의하는 것은 추후 과제로 미루고 이 절에서는 교육청의 교육지원 기능에 초점을 맞추어 그 역할에 대해 논하고자 한다. 특히 이 절에서는 교사들이 책임감을 가지고 주체적으로 리더십을 발휘하여 교육을 이끌어 가도록 하기 위한 여건을 만드는 데 있어 교육청의 역할에 초점을 맞추어 논의한다.

1) 중간 교육행정기관으로서의 정체성 확립

교육청의 중요한 역할과 기능 중 하나는 국가 교육정책을 해당 지역의 학교 및 교육기관들이 잘 수행할 수 있도록 돕고 지원하는 것이다(한유경 외, 2018). 국가의 행정 체계상 교육청은 교육부와 동등

---

1) 이 절에서 교육청은 시·도교육청과 교육지원청을 함께 지칭하는 개념이다.

한 위치에 있지 않고 교육부 아래에 있는 기관이다. 교육청은 국가 교육정책과 방향의 범위 내에서 교육정책을 수행한다. 국가 교육정책과 방향이 정해지면 각 교육청은 이를 토대로 지역의 실정과 여건에 맞게 지역교육정책을 수립하고, 각 학교 및 교원이 잘 수행하도록 안내하고 도우며 지원하는 역할을 한다(나민주 외, 2015). 각 교육청에 주어진 자율성도 국가 교육정책의 방향과 범위 내에서의 자율과 재량이지 무한정의 자율이 아니다. 국가 교육정책의 방향과 주어진 자율과 재량의 범위 내에서 지역 실정에 맞게 교육을 운영해 나가는 것이 교육청의 역할인 것이다. 그런데 우리나라에서는 이러한 기본적인 국가 교육 체계가 모호하여 중앙은 중앙대로, 지방은 지방대로 교육정책을 남발하는 모습을 보여 주고 있다(김태완, 1991; 신현석, 2014; 장경원, 2017; 최우용, 2016). 이 과정에서 간혹 중앙과 지방이 서로 다른 교육이념에 따른 교육정책을 만들어 내면서 서로 충돌하거나 갈등하는 상황이 발생하기도 한다(고전, 2017; 나민주 외, 2015; 표시열, 2010).

중앙교육행정기관과 지방교육행정기관 사이의 관계 및 역할 정립이 제대로 되지 않으면 교육정책을 둘러싼 중앙과 지방 간의 갈등과 혼란은 향후에도 지속될 수 있으며, 이로 인한 피해는 고스란히 일선 학교와 교사, 그리고 학생들에게 돌아가게 된다. 학교의 입장에서 봤을 때 교육부 정책이 끊임없이 내려옴과 동시에 시·도교육청 정책도 역시 끊임없이 함께 내려오면서 학교와 교사는 업무과다와 과업의 홍수 속에 파묻힌다(권재원, 2016; 박진환 외, 2013; 이혜영, 2014). 왜 이런 일이 발생하게 되는 것일까? 가장 큰 원인은 국가에 있다. 구체적으로 국가가 교육정책의 방향을 제대로 정립하지 못하고 있기 때문이다. 국가는 거시적으로 국가의 미래를 생각하면서 국가 교육의 큰 그림을 그리고, 그 그림 안에서 교육청 및 학교, 교사들이 어떤 역할과 기능을 해야 하는지 제대로 정립하고 안내해 주어야 한다. 그러나 국가가 그 역할을 제대로 못하니 각 지역의 교육청이 각자도생(各自圖生)하려고 우후죽순(雨後竹筍) 격으로 나서는 것이 우리의 모습이다.

여기에 더하여 지역의 교육감을 직접 선출하는 선출제도가 갖는 한계도 이러한 혼란의 한 원인이 되고 있다(나민주 외, 2018; 장경원, 2017). 교육자치, 주민자치라는 측면에서는 교육감 직선제가 의미가 있지만 이를 위해서는 국가 전체의 교육 체계 정립이 먼저 이루어졌어야 했다. 국가 전체의 교육 운영 체제가 제대로 정립되어 있지 않은 상황에서 직선으로 선출된 교육감은 다음 선거에서 재임을 위해 중앙정부의 방침보다 자신의 선거 공약이나 지역주민들의 요구에 더 관심을 기울일 수밖에 없다. 특히 교육이념이 서로 다른 정파가 대통령과 교육감을 나누어 맡게 될 때 교육정책을 둘러싼 갈등과 대립은 필연적일 수밖에 없다(고전, 2017). 이러한 상황 속에서 학교나 교사들은 교육부 지침도 수행해야 하고 교육청 지침도 수행해야 하면서 늘 분주하고 혼란스러워질 수밖에 없다. 학교도, 교사도 교육의 본연의 역할에 집중하기 어려운 여건인 것이다.

따라서 학교와 교사들이 교육력을 회복하고 본래의 역할에 전념 하도록 하기 위해서는 먼저 교육부와 교육청의 역할이 제대로 정립되어야 한다. 교육부에서는 큰 방향을 잡아 주고, 운영은 각 교육청에 맡겨 각 교육청에서 자율과 재량을 바탕으로 운영할 수 있도록 해 주어야 한다(정순관 외, 2014). 이러한 토대 위에서 각 교육청은 국가 교육방침을 바탕으로 지역 실정에 맞는 교육을 재량껏 해 나가야 한다.

이와 같이 교육청은 국가 교육방침의 범위 내에서 해당 지역 학교, 학생, 교원들의 실정에 맞게 교육활동을 관리 · 지원하는 역할을 해야 한다(오세희, 2013). 그런데 교육청 또한 해당 지역의 모든 학교와 교원을 통제하고 관리하는 것은 쉽지 않다. 따라서 교육청 역시 국가 교육방침의 범위 내에서 교육청 차원의 방침과 방향을 정하고 그것을 각 학교와 교원들에게 안내하고, 구체적인 교육활동과 수행은 각 학교 및 교원들에게 맡겨, 각 학교와 교원이 전문성과 자율성을 바탕으로 재량껏 학교를 운영해 나갈 수 있도록 해 주어야 한다. 이때 각 학교나 교원들 역시 무한한 자율권을 갖는 것이 아니며 국가와 교육청의 교육방침과 범위 내에서의 재량권을 가진다(장경원, 2017; 한유경 외, 2018).

교육청의 핵심 역할은 국가 교육방침의 큰 틀 안에서 교원들이 핵심 교육활동인 수업지도와 생활지도에 전념하고 리더십을 발휘하여 교육을 잘 이끌어 가도록 촉진 · 지원해 주는 것이다. 이를 위해 교육청은 중간 교육행정기관으로서의 정체성을 분명히 하고 본연의 임무에 충실해야 한다.

2) 교사들에 대한 관리 · 감독이 아니라 지원기관으로서의 역할 정립

과거의 중앙집권적 패러다임 체제에서 교육청의 중심 기능은 관리와 감독이었다(Sergiovanni, 2006). 즉, 국가가 정해 준 대로 각 학교와 교사들이 잘 수행하고 있는지를 관리하고 감독하는 것이 교육청의 중심 역할이었다. 교육청은 이러한 역할을 수행하기 위하여 다양한 관리·감독 기제 및 장학사와 장학제도를 만들어 끊임없이 학교와 교원들을 관리·감독해 왔다(한유경 외, 2018; Sahlberg, 2011). 그리고 학교나 교사들이 잘 따르면 포상이나 승진가산점 등 상을 주고 잘 따르지 않으면 제재를 가하거나 벌을 주었다. 또한 학교에서는 교장으로 하여금 해당 학교 교사들을 관리·감독하도록 하였다(서정화 외, 2002; Fuhrman & Elmore, 2004).

하지만 이제 교육 패러다임이 바뀌어 국가나 교육청이 모든 것을 간섭하고 통제하는 시대는 지났다(안병영, 하연섭, 2015; Hargreaves, 2003; Levinson, 2011). 국가나 교육청이 과거와 같이 교육정책이나 제도를 만들어 일방적으로 내려 주거나 밀어붙여서는 안 되는 시대가 된 것이다. 오히려 교사들이 동의하고 공감할 수 있도록 적극적으로 설득하고 안내하는 것이 국가나 교육청의 중요한 역할이 되었다(Kouzes & Posner, 2010; Larochelle, Bednarz, & Garrison, 1998). 이것이 새로운 교육 패러다임 시대의 교육청의 역할이다. 따라서 국가나 교육청이 교육정책을 수행하면서 과거처럼 수많은 지침을 만들어 학교와 교사들에게 내려 주고 통제하려고 해서는 안 되며, 학교와 교원들에게 과감하게 자율권을 부여하고 자율적·주체적으로 교육활동을 수행해 갈 수 있도록 여건을 만들어 주고 지원해 주어야 한다.

따라서 이제 교육청의 중심 역할은 더 이상 관리와 감독이 아니다(오세희, 2013; 조덕주, 2002). 교육청의 중심 역할은 학교와 교원들을 도와주고, 지원하며, 촉진해 주는 역할이다. 이 시대에는 교육청이 학교나 교원들을 관리·감독하고 통제하려고 하면 할수록 교육정책은 실패할 가능성이 더 높다(Hargreaves & Fullan, 2012). 교육청이 진정으로 교육목표를 달성하고자 한다면 학교와 교원들을 통제·관리하려는 관행적인 접근에서 벗어나 학교와 교원들을 중심에 세우고 그들의 조력자이자 촉진자가 되어야 한다(Levinson, 2011). 그리고 교육청은 교육정책을 추진함에 있어 그 어떤 경우라도 교사들의 핵심 활동이 수업지도와 생활지도임을 결코 잊어서는 안 된다. 즉, 교육청의 그 어떤 교육개혁이나 교육정책도 교사들의 수업지도와 생활지도를 촉진하고 조장하며 지원해 주는 방향으로 이루어져야 하지, 수업지도나 생활지도를 간과하거나 침해하는 것이어서는 안 된다.

이와 같이 교육청은 교육정책이나 교육개혁을 추진함에 있어 철저히 교사들의 수업지도와 생활지도를 보호·촉진하면서 추진해 가야 한다. 교사들의 수업지도와 생활지도는 교육청이 통제·관리한다고 해서 잘되는 것이 아니라 오히려 교육청의 통제와 관리가 해(害)가 될 수 있다(정광희 외, 2007; 정영근, 2011; 정진화, 2016). 교사들이 수업지도와 생활지도를 잘하도록 하기 위해서는 교육청이 교사들의 마음을 북돋워 주고 교사들을 진정으로 존중해 주며 교사들이 책임감을 가지고 리더십을 발휘할 수 있도록 해 주어야 한다.

교사들은 대체로 자존감이 높은 사람들이다(이민영, 2012; 정은균, 2017). 그 자존감을 살려 주면 교사들의 교육활동은 극대화될 수 있지만, 반대로 자존감을 훼손당하면 교사들은 자신의 교육활동에 결코 마음을 담지 않는다(이영만, 2016; 정광희 외, 2007; 한유경 외, 2018). 교육청이 교육개혁을 하거나 사업을 벌이는 것도 중요하지만 더 근본적이고 중요한 역할은 교사들의 마음을 살려 주는 것이다. 교사들의 마음이 살아나야 수업지도와 생활지도가 충실하게 이루어지고 그래야 교육이 성공할 수 있다. 이와 같이 교육청의 핵심 역할은 교원들을 관리·감독하는 것이 아니라 교원들의 마음을 살아나게 하고 도와주며 촉진·지원하는 것임을 명심할 필요가 있다. 이러한 여건에서 제대로 된 교사리더십 발휘도 가능하다.

3) 교사의 전문성 개발 촉진

교육청이 교사들을 지원하고 도와주며 촉진해 준다고 할 때 가장 우선적으로 관심을 기울여야 할 영역이 바로 교사의 전문성 향상이다. 지식의 폭발적 증가와 확산, 사회 전반의 빠른 변화, 아동 및 교육 환경의 복잡성·다양성 증대 등으로 인해 교사들의 교육활동은 점점 더 힘들고 어려워지고 있다(Hargreaves, 2003). 따라서 이러한 변화에 대응하고 적응하기 위해서는 교사들에게 전문성 개발 및 함양이 매우 중요하다(신현석, 2010; Hargreaves & Fullan, 2012). 교사들이 교원양성기관에서 배운 것만 가지고는 더 이상 교직활동을 제대로 수행하기 어려운 시대가 되었다(Tan, Liu, & Low, 2017). 이미 사회는 평생학습 사회가 되었듯이 교사 역시 평생학습을 해야 하는 시대가 된 것이다(한숭희, 2001).

교사들의 전문성 개발 및 함양은 우선 교사 스스로 주도적으로 해 나가야 한다(Loughran & Hamilton, 2016). 여기에 더하여 교육청이 해 주어야 할 중요한 역할이 있는데, 그것은 교사들이 전문성을 함양할 수 있도록 다양한 여건을 만들고 지원해 주는 것이다. 교육청이 교사들의 필요와 요구를 면밀히 파악하여 그것들을 충족시켜 주는 다양한 기회와 장을 마련해 줄 필요가 있다.

그런데 교육청이 교사들에게 학습의 기회와 장을 마련해 줌에 있어 과거와 같은 '형식적인 연수'는 철저히 지양해야 한다(정미경, 박상완, 2016; 조윤정, 배정현, 2015). 과거와 같은 연수를 위한 연수, 시간 때우기식 연수는 교육적 효과도 없을 뿐만 아니라 엄청난 낭비일 뿐이다(김병찬, 2008a; 신지윤, 정혜영, 2017). 모든 연수는 현장교사들의 실제적인 필요를 채워 주고, 문제나 어려움을 실질적으로 해결해 주며, 그로 인해 현장교사가 실질적으로 성장·발전할 수 있는 연수가 되어야 한다. 이러한 기회와 장을 제공해 주는 것이 교육청의 핵심 역할이다. 교사들에게 교육청은 자신들을 통제·관리하는 기관이 아니고 자신들을 도와주고 지원하는, 필요한 것을 공급해 주는, 자신들의 전문성 발달을 촉진시켜 주는 '고마운' 기관이어야 한다. 이러한 교육청의 지원과 도움으로 전문성과 역량을 갖춘 교사들이 학교 현장에서 제대로 된 교사리더십을 발휘할 수 있다.

3. 교육부 차원의 변화

교육부는 국가 교육을 총 관장하는 기관으로서 매우 광범위한 역할을 담당하고 있다. 따라서 교육부의 역할에 대해 논의하기 위해서는 광범위한 영역에 대해 총체적으로 논의를 해야 하지만, 이 절에서는 교육부의 종합적인 역할에 대해 논의하기보다는 교사들의 교육력을 살리고 교사리더십을 발휘하도록 하기 위한 교육부의 역할에 초점을 맞추어 논의한다.

1) 국가 교육의 철학과 방향 정립

오늘날 학교 현장에서 교원들은 매우 혼란스럽다(권재원, 2016; 박진환 외, 2013; 정성식, 2014). 교사가 학생들을 교육함에 있어서 도대체 어느 방향으로 가야 하는지, 어떤 목표를 향해 뛰어야 하는지 제대로 된 실질적인 길잡이가 없기 때문이다. 이 때문에 교사들은 교장이 강조하면 이 쪽으로, 교육청이 강조하면 그 쪽으로, 교육부가 강조하면 저 쪽으로, 때로는 학부모가 강조하면 또 이 쪽으로 휩쓸리면서 교육을 수행하고 있다. 이로 인하여 방향을 잡지 못하고 방황하며 교육을 수행하는 있는 것이 오늘날 우리 교사들의 모습이다 (권재원, 2016; 엄기호, 2014; 이인규 외, 2017). 예를 들어, 학생 및 학부모들의 요구에 의해 입시 위주의 교육에 치중하다가 갑자기 교육청에서 인성교육을 강조하면 또 인성교육 쪽으로 휩쓸린다. 그러다가 또 안전교육 지침이 내려오면 그 쪽으로 휩쓸린다. 이렇게 교사들은 큰 방향 없이 내려오는 대로 이것저것 감당하며 교직을 수행하고 있다. 이러한 상황이기 때문에 스스로 별 사명감 없이 월급쟁이로서 하루하루 살아간다고 생각하는 자조적인 교사도 적지 않다(박진환 외, 2013; 엄기호, 2014).

이러한 상황을 만들어 낸 가장 큰 책임은 국가에 있다. 이 모든 것은 국가가 교육목표와 방향을 제대로 잡아 주지 못했기 때문에 나타나는 현상이다(권재원, 2016; 이종태 외, 2000; 정성식, 2014). 이에 대해 국가가 부인할지도 모르겠다. 무슨 소리냐고, 교육부 홈페이지만 들어가 봐도 국가 교육목표가 넘쳐 난다고 이야기할 수도 있을 것이다. 그런데 국민과 교사가 공유하지 못하고 공감하지 못하는 국가 교육목표가 무슨 소용이 있는가? 교육부 장관실의 액자에 들어가 있는 교육목표가 아니라 국민이, 교사가 진정으로 받아들이고 공유하며 자신의 삶 속에서 실제로 구현하고자 하는 교육목표가 필요하다. 우리는 안타깝게도 그러한 국가 교육목표를 가지고 있지 못하다.

그래서 혼란스럽다. 이런 상황이니 각 교육청은 교육청대로 각자 뭘 해 보겠다고 나서고 있고, 각 교원단체는 교원단체별로, 시민단체나 학부모단체들도 이 혼란스러운 상황에서 그냥 있을 수 없어 무엇인가 해 보겠다고 나서고 있다(사교육걱정없는세상, 2018; 참교육을위한전국학부모회, 2018; 평등교육실현을위한전국학부모회, 2018). 학교 현장의 교사 역시 크고 작은 많은 모임을 만들어 돌파구를 찾기 위해 안간힘을 쓰고 있다(경기도교육청, 2014; 실천교육교사모임, 2017; 전국교직원노동조합, 2018a; 좋은교사운동, 2019a; 한국교원단체총연합회, 2018a). 교육을 위해 고군분투하는 이 모든 모습은 겉으로 보면 장엄하기까지 하다. 하지만 실상은 교육의 길을 찾지 못하여 방황하는 국민의 모습일 뿐이다. 국가가 제 역할을 해 주지 못하니 국민이 여기저기서 교육을 살려 보겠다고 나서고 있는 것이다.

한편, 4차 산업혁명으로 대변되는 미래 사회는 큰 변화를 겪는 새로운 사회이고 사회의 변화 속도 또한 급격하게 빨라지며 더욱 복잡해질 것이다(류태호, 2017; Schwab, 2016). 세상은 점점 더 예측하기 어려워지고 있다. 이러한 미래 사회에 대비하기 위해서는 국가가 나서서 교육의 방향을 잡아 주어야 한다. 이 일은 매우 복잡하고 어려운 일이어서 국가 이외에는 그 어느 누구도 제대로 해 줄 수 없다.

국가는 국가 교육의 방향을 잡아 나감에 있어 결코 정파적 이해관계에 얽매이면 안 된다. 국가 교육의 미래 방향을 잡는 일은 정파적 이해관계를 훨씬 뛰어넘는 매우 중요한 일이다. 만약 이 일에 정파적 이해관계가 개입이 된다면 그것은 국가 교육을 망치는 길이다. 오로지 국가의 미래, 국민들의 미래만을 바라보면서 신중하면서도 치밀하게 국가 교육의 큰 그림을 그려 내야 한다.

이러한 노력을 통해 국가가 제대로 된 국가 교육의 방향을 제시해 준다면 우리 국민은 기꺼이 그 길을 따를 것이다. 지금까지의 방황을 접고 힘차게 그 길로 달려 나갈 것이다. 더군다나 세계 최고의 교육열을 가진 우리 국민은(이종각, 2014) 국가가 방향만 잘 잡아 준다면 세계 최고의 교육을 만들어 갈 잠재력을 충분히 가지고 있다(오욱환, 2000).

아이러니하게도 우리나라 학교에는 교육목표와 방향이 없는 것이 아니다. 오히려 그 교육목표와 방향이 넘쳐나서 문제이다(권재원, 2016; 송상호, 2010; 엄기호, 2014). 교육부에서 내려 준 목표, 교육청에서 내려 준 목표, 학부모들의 요구에 의해 만들어진 목표, 그리고 여기저기서 온갖 좋다고 하는 것은 다 학교목표로 들어와 있고, 국가·사회적으로 문제가 되는 것들이 있으면 또 교육목표가 되어 학교로 들어온다.[2] 이로 인해 학교에서 교사들은 교육목표의 홍수 속에서 허덕이고 있다고 해도 과언이 아니다. 국가가 교육목표를 제대로 정립하지 못하니 온갖 것이 다 학교로 들어와 교육목표의 자리를 차지하고 있다. 이런 상황에서는 교사가 책임의식을 가지고 리더십을 발휘하며 열심히 하려고 해도 그 무엇도 제대로 할 수가 없다. 오히려 교사들은 학교에서 항상 어수선하다. 요구하는 것은 넘쳐 나고, 해야 할 것은 쌓여 가고, 되는 것도 없고 안 되는 것도 없는 상황이다. 이로 인해 주어진 일, 닥친 일을 하면서 교직을 유지해 가는 것이 우리 교사의 모습이다(엄기호, 2014). 이 과정이 반복되면서 우리나라 교사들은 활력을 잃어 가고 있다(박진환 외, 2013; 송상호, 2010). 이 혼란을 국가가 해결해 주어야 한다.

국가의 교육목표와 방향이 분명하면 각 교육청, 학교, 교사들은 중심을 잡고 교육활동에 더욱 매진할 것이며, 모든 교육이 정상화될 것이다. 이때 교원들도 재량껏 교사리더십을 발휘하며 교육활동에 전념할 수 있을 것이다.

2) 국가 교육정책 운영 패러다임의 전환

앞에서 국가는 교육목표와 방향을 분명하게 세우고 그 운영 과정에서는 각 교육청 및 학교, 교원의 자율권을 충분히 보장해 주어야 한다고 언급하였다. 이를 위해서는 국가 교육정책의 운영 패러다임

---

2) 학교폭력이 사회적으로 문제가 되면 학교폭력 예방 및 대책을 학교 교육의 목표로 넣으라고 하고, 안전이 사회적으로 이슈가 되면 안전교육을, 또 인성에 대한 여론이 들끓으면 인성교육을 학교 교육의 목표로 넣으라고 하는 등의 모습을 우리는 너무 자주 목격하고 있다(서울특별시교육청, 2018).

전환이 필요하다. 비유적으로 이야기하면 국가 교육정책 운영 패러다임을 '모세혈관 패러다임'에서 '논 물대기 패러다임'으로[3] 전환할 필요가 있다. 모세혈관 패러다임이란 심장의 박동으로 몸의 피가 온몸 구석구석까지 모세혈관을 통해 흘러들어 가는 모습을 비유한 것이다. 교육정책을 수행함에 있어 국가가 모든 것을 주도하여 각 교육청, 학교, 교원에게까지 세세하게 영향을 미치게 하는 것은 마치 심장박동에 의해 온몸에 피가 퍼져 나가는 모세혈관의 모습과 유사하다. 심장의 작용에 의해 온몸의 피가 순환되듯, 국가의 통제에 의해 교육정책이 일선 학교 및 교원들에게까지 일사분란하게 적용·작동되는 것이다. 즉, 교육정책이나 교육개혁을 국가가 전체적으로 통제·관리하는 패러다임이다. 이러한 패러다임에서는 모든 교육정책이 강력하게 추진될 수 있으며 단기간에 가시적인 성과를 거둘 수도 있다. 따라서 급격한 교육개혁을 추진하고자 하는 경우에 선호하는 접근이다.

그러나 앞에서 언급한 것처럼 이러한 접근법은 오늘날의 구성주의 진리관 시대에서는 적합하지 않다. 즉, 학교 및 교원, 학생들의 상황과 맥락에 맞는 지식을 구성하는 것이 교육의 주류가 된 오늘날의 학교에서는 국가의 통제보다 학교와 교원, 학생들의 주체적·자율적 역량과 역할이 훨씬 더 중요하다. 따라서 오늘날 학교에서 국가의 획일적인 통제는 오히려 역효과가 나타날 가능성이 높다(Levinson, 2011). 이러한 접근은 각 학교와 교원, 학생들의 다양

---

3) '모세혈관 패러다임', '논 물대기 패러다임' 등의 용어는 일반화된 개념이 아니라 저자가 설명을 위해 비유적으로 사용한 은유 용어이다.

한 상황과 맥락을 충분히 고려하지 않아 오히려 비교육적인 결과를 낳을 수 있다(Fullan, 2005). 그럼에도 불구하고 국가가 획일적으로 밀어붙이면 학교 현장에서는 '형식적 대응'을 한다(정진화, 2016; 정은균, 2017; 최우용, 2016). 즉, 각 학교의 구성원이 진정으로 교육적 효과를 내기 위해 교육정책을 따르는 것이 아니라, 국가의 강압에 못 이겨 어쩔 수 없이 따르는 시늉만 하는 것이다. 국가나 교육청 입장에서는 학교 구성원이 따르는 모습을 보여 주니 마치 교육개혁 정책이 성공하는 것처럼 착각할 수 있다(Fuhrman & Elmore, 2004; Hargreaves & Fullan, 2012). 더 나아가 자신들의 교육개혁이나 교육정책이 성공한 것처럼 선전하기도 한다(신현석, 2010; 안병영, 하연섭, 2015; 이중현, 2017). 그동안 수많은 교육개혁 정책을 추진했음에도 불구하고 제대로 된, 실질적으로 교육적 효과를 거둔 교육개혁 정책을 거의 찾아보기 어려운 이유 중의 하나도 바로 이러한 접근방식 때문이다. 국가가 획일적으로 통제하는 모세혈관 패러다임식 교육정책 접근은 이제 더 이상 적합하지 않다.

반면, '논 물대기 패러다임'은 농부가 농사를 지으면서 논에 물을 댈 때 논 입구까지만 물을 대어 주는 것을 비유한 것이다. 농부가 농사를 지을 때 논 입구까지만 물을 대 주면 그 물은 논으로 흘러들어가 낮은 곳부터 서서히 채워져 끝내 논 전체가 물에 잠긴다. 국가 교육개혁이나 교육정책 수행도 이렇게 접근할 필요가 있다. 국가는 교육개혁 정책을 수립하여 각 지역이나 각 교육청에 내려 주는 정도까지만 하고, 실제적인 적용이나 구현은 각 지역, 각 학교의 형편과 상황에 맞게 재량껏 추진하도록 해 주어야 한다. 이렇게 되면 마치 논에 물을 대면 바닥이 낮은 곳부터 논 전체에 물이 스며들듯이 교육개혁 정책도 일단 각 교육청, 학교에 맡기면 각 지역과 학교에서 좀 더 필요로 하는 학교, 좀 더 필요로 하는 학생, 좀 더 필요로 하는 분야부터 추진하며 점차 전체적으로 확산되어 나갈 것이다. 필요를 느끼지 않거나 준비가 되어 있지 않은 지역이나 학교에는 아무리 좋은 교육개혁 정책을 내려 주더라도 제대로 실행되지도 않을 뿐만 아니라 역효과만 날 가능성이 높다(Fullan, 2005; Murphy, 2005).

이제 국가가 교육개혁 정책을 추진함에 있어 '모세혈관 패러다임'을 벗어나서 '논 물대기 패러다임'으로 전환해야 한다. 그러면 각 지역이나 각 학교의 상황과 맥락에 맞게 교육개혁이 추진될 수 있고, 또한 이는 교육개혁의 성공 가능성을 높이는 길이기도 하다. 이렇게 되면 각 지역이나 학교에서도 교육개혁을 마지못해 따라 주는 형식적인 대응이 아닌 자신들의 필요나 발전을 위해 교육개혁을 적극 활용할 것이다. 이렇게 되면 각 지역이나 학교도 살고 교육개혁도 성공하는 윈-윈(win-win) 전략이 될 수 있다.

이러한 풍토가 만들어지면 각 학교와 교원은 어떤 교육개혁 정책이라고 하더라도 보다 적극적이고 주체적으로 받아들일 것이다. 자신의 학교와 학생들에게 필요한 것을 바탕으로 교육개혁 정책을 적극 활용할 수 있기 때문이다. 이로 인해 교원들은 학교와 학생의 필요를 찾는 데 더 집중할 수 있으며 교원으로서의 긍지와 보람도 느낄 수 있을 것이다. 이러한 상황이어야 교사리더십이 제대로 발휘될 수 있는 여건이다.

4. 교원양성기관 차원의 변화

교사들이 교사리더십을 발휘하기 위해서는 그에 적합한 준비가 필요하다. 교사들이 단순히 교육 방법과 기법만 익혀서는 이런 역할을 수행할 수 없으며 교육철학, 정서, 신념 등 모든 면에서 종합적으로 준비되어야 한다(이돈희, 1983; 이홍우, 2008). 그리고 이러한 준비는 단기간에 할 수 있는 것이 아니라 상당한 기간을 필요로 한다. 체계적 · 전문적 교사 준비 기관이 교원양성기관이다. 교원양성기관은 교사양성, 즉 교사에게 필요한 자질과 역량을 종합적으로 길러주는 것을 목적으로 하는 전문기관이며, 교육기간도 4년 이상으로 비교적 장기간이다. 이러한 교원양성기관에서의 교육이 그 나라 교사의 질을 좌우한다고 해도 과언이 아니다(Fullan, 2005; Tan, Liu, & Low, 2017).

교사에게 필요한 기본 자질과 역량은 이러한 교원양성기관을 통해 길러진다. 그러나 한국의 교원양성기관들은 우수한 교사를 길러내는 데 있어 긍정적인 평가는 받지 못하고 있는 편이다(송경오, 2016; 양성관, 2011; 이차영, 2014; 임연기, 2009). 교원양성기관에서 질 높은 교사를 길러 내지 못한다면 그 나라 교육의 질을 담보하기 어려울 것이다(OECD, 2017; Sergiovanni, 2006). 따라서 대부분의 나라에서 우수한 교육을 실시하기 위하여 우선적으로 교원양성기관 교육의 질을 높이는 데 관심을 기울이고 있다(강승규, 2012; Sahlberg, 2011). 이 절에서는 우리나라 교원양성기관이 리더십을 갖춘 우수한 교사를 길러 내기 위해 어떤 노력을 해야 하는지에 대해 논의한다.

1) 교원양성기관으로서의 목표와 비전 정립

한국의 교원양성기관은 대체로 교육목표와 비전이 모호하거나 불확실하다(김병찬, 2001; 양용칠, 2011; 정진곤, 2001). 각 교원양성기관마다 나름대로 목표와 비전을 가지고 있지만 그 목표와 비전이 명확하지 않기 때문에 대체로 교수든 학생이든 자신들이 속한 교원양성기관의 목표나 비전에 대해 잘 모르고 있다(김병찬, 2008c; 박수정, 2016; 송신철 외, 2014; 신현석, 2010). 그 이유는 각 교원양성기관의 목표나 비전이 형식적인 수준이어서 실질적으로 구성원에게 영향을 미치지 못 하고 있기 때문이다. 구성원에게 영향을 미치지 못하는 목표나 비전은 없는 것이나 마찬가지다. 상황이 이렇다 보니 교원양성기관의 교수나 학생들은 학교에서 내세우는 형식적인 목표나 비전이 아닌 각자 '자기 목표'를 추구한다(우한솔, 2015; 정영수, 2002; 정윤경, 2013). 예를 들어, 교원양성기관의 교수임에도 불구하고 교원양성보다는 자신의 연구업적을 쌓는 데 더 매진하는 교수도 있고, 학생 중에서도 교사로서 필요한 소양을 갖추기보다는 임용고사에 합격하기 위한 시험공부에 더 비중을 두는 학생도 있다(이차영, 2014; 임연기, 2009). 이와 같이 우리의 교원양성기관은 형식적인 목표는 있으나 구성원이 그 형식적인 목표를 따르지 않고 각자 자기 목표를 세워 추구하는 '조직화된 무질서'(Cohen, March, & Olsen, 1972)의 모습을 보여 주고 있다(김병찬, 임종헌, 2017; 박진환 외, 2013; 임종헌, 유경훈, 김병찬, 2017).

왜 우리나라 교원양성기관의 교수나 학생들은 조직의 목표에는 관심 없고 자신의 개인적인 목표에만 관심을 기울이는 것일까? 이는 앞에서 언급한 바와 같이 우리나라 교원양성기관에 실질적인 목표나 비전이 없기 때문이다. 어느 조직이든 제대로 기능하기 위해서는 조직 구성원의 삶, 문화, 가치, 미래 등에 바탕을 둔 실제적으로 추구할 수 있는 목표가 정립되어야 한다. 즉, 구성원의 삶과 가치에 기반을 둔 목표가 정립되어 있어야 한다. 하지만 우리나라 교원양성기관은 구성원의 삶과 가치에 토대를 두기보다는 형식적으로 목표로 제시하고 있다(정미경 외, 2014). 즉, 목표를 위한 목표, 구색 맞추기식 목표 제시인 것이다(김병찬, 2017b; 이인규 외, 2017; 정성식, 2014). 이렇게 만들어진 교육목표는 구성원의 삶을 이끌지도 못하고 영향을 끼치지도 못한다. 상황이 이렇기 때문에 우리나라 교원양성기관의 교수나 학생들은 대부분 자신이 몸담고 있는 교원양성기관의 목표나 비전에는 별 관심이 없고 각자 자기 살 길을 찾아 나서고 있는 것이다.

그렇다면 왜 우리나라 교원양성기관의 목표나 비전이 제대로 정립되어 있지 않은 것일까? 여러 이유가 있겠지만 우리나라 교원양성기관이 총체적으로 국가가 관리하는 국가 통제 구조 속에 있다는 것도 하나의 큰 원인이다(양성관, 2011; 임연기, 2009). 우리나라에서 각 교원양성기관은 철저히 국가의 승인과 허락, 통제하에서 교원을 양성하고 있다(교육부, 2018a). 국가의 통제나 관리하에 교원을 양성하고 있기 때문에 각 교원양성기관은 자체적인 목표나 비전을 정립할 필요를 크게 느끼지 못한다. 국가의 강력한 통제 가운데 교원을 양성하는 각 교원양성기관은 국가의 규정이나 지침을 따르는 것이 중요하지 굳이 별도로 자신들의 목표나 비전을 세울 필요를 느끼지 못하는 것이다(송경오, 2016; 이소은 외, 2016). 우리나라에서는 국가가 교원양성기관 설치, 운영에서부터 입학, 졸업, 교육과정에 이르기까지 거의 모든 것을 통제·관리하고 있다(김병찬, 2008c; 신현석, 2010). 교원양성기관의 자율과 재량은 거의 없고 대부분 국가의 통제에 의해 교원양성이 이루어지고 있기 때문에 국가의 규정과 지침이 최우선이며, 국가의 규정과 지침을 잘 따르는 것이 교원양성기관을 잘 운영하는 지름길이기도 하다(양성관, 2011). 이러한 상황이 지속·고착되면서 각 교원양성기관의 자율성이 퇴화되고 국가의 지침에 순응하는 것에 익숙해졌다(우한솔, 2015; 이차영, 2014). 결과적으로 우리나라 각 교원양성기관은 나름대로의 목표와 비전을 세워 교원을 양성하려 하기보다는 국가의 규정, 지침을 따르는 것에 길들여진 것이다. 국가의 지침을 따르는 것이 우선이고 그것만으로도 충분하다고 여기기 때문에 교원양성기관이 굳이 나름대로의 목표나 비전을 수립할 필요를 느끼지 못하고 있다. 오히려 국가의 지침이나 규정을 충실히 따르는 것이 교원양성기관의 실질적인 목표가 되어 버렸다(송경오, 2016; 양성관, 2011).

따라서 우리나라에서는 국가의 규정과 지침대로 학생들로 하여금 정해진 과목 및 교육과정을 이수하게 하여 최대한 많은 졸업생을 배출하는 것이 교원양성기관의 거의 유일한 실질적 목표이다(김병찬, 2017b; 송신철 외, 2014). 어떤 자질과 어떤 역량, 어떤 특성을 가진 졸업생을 배출할 것인지에 대해서는 큰 관심이 없다(신현석, 2010; 정미경 외, 2010). 안타깝지만 이는 우리나라 교원양성기관의 부인하기 어려운 모습이다.

결과적으로 우리나라 교원양성기관은 뚜렷한 목표나 비전이 결여된 상태에서 기능적으로 교사를 양성해 내고 있다. 이런 상황에서는 결코 좋은 교사가 길러질 수 없다. 그나마 우리나라에 우수한 교사가 존재하는 것은 우수한 학생들이 교원양성기관에 들어와서 개인적으로 열심히 노력한 결과이지, 결코 교원양성기관에서 우수한 교육을 받았기 때문이 아니다(OECD, 2008, 2017).

교원양성기관에서 배출되는 교사의 질을 교사 개인의 노력에만 맡겨서는 안 된다. 우선적으로 각 교원양성기관이 교원양성기관으로서의 목표와 비전을 분명하게 수립하는 일부터 시작해야 한다. 각 교원양성기관의 목표와 비전 수립은 국가에서 해 줄 수 없는 것이며, 해 주어서도 안 된다. 교원양성교육을 담당하는 교원양성기관이 스스로 해야 한다. 비록 국가의 지침과 규정이 엄격하다고 하더라도 각 교원양성기관은 국가의 지침과 규정의 범위 내에서 자체적인 교원양성교육의 목표와 비전을 수립해야 한다. 각 교원양성기관에서는 자신들의 여건과 환경, 학교 현장의 상황과 필요, 미래 교육의 방향 등을 종합적으로 고려하여 교원양성기관으로서의 목표와 비전을 세워야 한다. 교원양성기관이 제대로 된 교육목표와 비전을 가지고 교원을 길러낼 때, 교사리더십을 갖춘 질 높은 교사를 확보할 수 있을 것이다.

2) 이론 중심 패러다임에서 실천 중심 패러다임으로

교사는 학교 현장에서 직접 아이들을 가르치는 전문가이므로 이에 따른 현장 전문성을 갖추고 있어야 한다(정영수, 2002). 이러한 현장 전문성은 이론과 지식이 뒷받침되고 그 위에 실천과 경험이 쌓여 함양된다(Murphy, 2005). 따라서 교사는 이론지식과 실천지식을 함께 갖추고 있어야 한다(Lieberman & Miller, 2004). 예비교사들에게 이러한 이론지식과 실천지식을 함께 학습·준비시켜 주는 곳이 교원양성기관이다.

교사로서 제대로 준비되기 위해서는 이론지식과 실천지식의 조화로운 함양이 필요하다(Loughran & Hamilton, 2016). 이러한 이유로 주요 선진국의 교원양성 과정에서는 두 영역의 조화를 꾀하고 있고 최근 들어서는 실천지식 함양에 좀 더 비중을 두고 있기도 하다(김병찬, 2001, 2013; 문성윤, 2010; Hargreaves & Fullan, 2012; Sergiovanni, 2006). 즉, 교원양성 과정에서 이론지식에 못지않게 실천지식을 강조하며 실천지식의 비중을 늘리는 것이 세계적인 추세이다(Loughran & Hamilton, 2016; Orland-Barak & Craig, 2015). 그런데 우리나라 교원양성기관은 이러한 세계적인 추세와 다르게 지나치게 이론 위주의 교육으로 경도되어 있다(김병찬, 2017b; 박상완, 2000; 송신철 외, 2014).

대체로 우리나라 교원양성기관에서 학생들이 교사교육과 관련하여 주로 배우는 것은 교과내용학, 교과교육론, 교직과목 등 크게 세 영역이다. 이들 사이의 시간 비중을 보면, 예를 들어 중등교사 양성 과정인 사범대학에서 이 분야의 이수과목 및 이수시간 비중은 교과내용학(55~82%)의 비중이 월등히 높고 다음으로 교직과목(15~17%), 교과교육론(5~6%) 순이다(교육부, 2018a; 김병찬, 2017b).

여기서 알 수 있는 바와 같이 교원양성 과정에서 절반이 훨씬 넘는 시간과 비중을 교과내용학에 할애하고 있는데 교과내용학은 모두 이론 중심 과목이다. 교과내용학 과목들은 내용학이기 때문에 대부분 해당 학문 분야의 축적된 이론과 지식으로 그 내용이 구성되어 있다.

한편, 교직과목은 다시 교직이론 과목(12학점 이상)과 교직소양 (6학점 이상) 및 교육실습(4학점 이상) 과목으로 나뉜다. 여기서 교직이론 과목은 교육철학, 교육심리, 교육사회 등 교육학 이론을 배우는 과목이다. 이 과목들은 대체로 교육학 이론지식으로 그 내용이 구성되어 있다. 그나마 교직소양 및 교육실습 과목이 실제를 다루는 실천지식 과목이라고 할 수 있는데 그 비중이 적은 편이다. 그리고 교과교육론(8학점 이상) 또한 '교과교재연구 및 지도법', '교과 논리 및 논술' 등 해당 과목을 실제로 어떻게 가르칠 것인가와 관련된 실천지식 과목이라고 할 수 있는데 그 비중 역시 적다.

이를 종합해 보면 우리나라 교원양성기관에서 학생들이 배우는 과목 중 거의 80% 이상이 이론지식 과목이고 약 20% 정도만이 실천지식 과목임을 알 수 있다. 그런데 이는 교사양성 과정에서 거의 60% 이상을 실천지식 과목으로 구성하여 운영하는 핀란드, 미국, 캐나다 등 다른 나라의 사례와는 뚜렷하게 대비된다(김병찬, 2013; 정영근, 2005; 조규태, 1998; 최의창, 2018; 허숙, 2000).

이와 같이 우리나라 예비교사들은 교원양성기관에서 교육을 통해 이론지식은 많이 배우지만 실천지식은 충분히 배우지 못하고 있다. 결과적으로 교사들이 실제로 학교 현장에서 필요로 하는 실천지식을 잘 갖추지 못한 상태에서 교직에 들어가고 있는 것이다(신창호, 2018; 정영수, 2002; 정윤경, 2013). 이로 인해 안타깝게도 일부 교사는 교원양성기관에서 배운 것이 별로 없다고 이야기하기도 한다(김병찬, 2008c; 송신철 외, 2014). 교사로서 아이들을 가르치고 지도하는 데 실제로 도움이 되는 실천지식을 교원양성기관에서 많이 배우지 못한 상태에서 교직에 들어가는 교사의 입장에서 나타날 수 있는 반응이다(김영천, 2005). 이로 인해 우리나라 교사들은 대체로 학교에 들어와 시행착오를 겪으면서 스스로 실천지식을 배워 나가고 있다(김영민 외, 2010; 박수정, 2016).

한편, 교사들은 교원양성기관을 통해 배우는 것뿐만 아니라 현직에 들어와 현직교육을 통해서도 배울 수 있다. 그런데 우리나라 교원 현직교육 역시 체계적이지 못하여 교사들이 제대로 배우지 못하고 있다(박영숙 외, 2018; 신현석, 2009). 더군다나 교원 현직교육은 대부분 교사 개인에게 맡겨져 있기 때문에 교사들마다 편차가 크다. 이로 인해 현직교육과정을 통해 열심히 배우는 교사들은 실천지식을 포함하여 많은 것을 배우고 있지만 그렇지 않은 교사도 많다(김병찬, 임종헌, 2017; 윤정, 2018).

이와 같이 우리나라에서는 교원양성기관에서 제대로 된 충분한 교육을 받지 못한 상태에서 교사들이 배출되고 있으며 현직에 들어와서도 체계적인 현직교육을 제대로 받지 못하고 있는 상황이다. 그나마 이론지식은 교원양성기관에서부터 많이 배우고 있는데 실천지식은 그 어디에서도 제대로 배우지 못하고 있다(신현석, 2010; 이민영, 2012; 정영수, 2002).

이러한 문제를 개선하기 위해서는 교원양성기관의 교원양성교육 패러다임을 이론 중심 패러다임에서 실천 중심 패러다임으로 전환하는 일부터 시작해야 한다. 그리하여 교원양성기관에서부터 예비교사들이 이론지식뿐만 아니라 실천지식을 충분히 배울 수 있도록 해 주어야 한다.

교원양성 과정에서 이론 중심 패러다임을 실천 중심 패러다임으로 바꾸기 위해서는 교과교육론 영역과 교직과목 영역을 대폭 확대해야 한다(김병찬, 2017b). 우선 교과교육론 영역을 늘려서 예비교사들이 각 담당 교과를 어떻게 가르칠 것인지에 대해 충분히 이해하고 익힐 수 있도록 해 주어야 한다. 앞에서도 언급했듯이 교사교육활동의 핵심은 수업지도와 생활지도이다. 따라서 교원양성기관에서 예비교사들에게 수업지도와 생활지도 전문성을 충분히 갖출 수 있도록 해 주어야 한다. 이러한 수업지도와 생활지도 전문성을 체계적으로 길러 주는 영역이 교과교육론이다. 따라서 교원양성 과정에서 교과교육론 과목을 획기적으로 늘려야 하고 수업지도 및 생활지도와 관련된 실천지식을 예비교사들이 충분히 익힐 수 있도록 해 주어야 한다.

교원양성 과정에서 실천 중심 패러다임으로 바뀌는 것과 관련하여 교직과목의 비중도 확대되어야 한다(양용칠, 2011; 정영수, 2002). 교과교육론이 교과를 어떻게 가르칠 것인가와 관련된 것이라면 교직과목은 좀 더 넓게 아이들을 어떻게 가르칠 것인가와 관련이 있다(이차영, 2014; 홍성연, 2012). 교사는 단지 교과만 가르치는 것이 아니라 아이들의 전인적 삶을 이끌어 주는 사람이다. 따라서 교사는 아이들에 대해, 그리고 교육에 대해 깊이 있는 통찰력과 전문성을 갖추고 있어야 한다. 이런 것을 다루고 배우는 영역이 교직과목이다. 따라서 교직과목 또한 크게 늘려 예비교사들이 교육에 대해 이해하고 아이들의 전인적 삶을 이끌어 줄 수 있는 역량을 갖출 수 있도록 해 주어야 한다. 하지만 교직과목을 늘린다고 해서 결코 지금과 같은 교직이론 과목을 늘려서는 안 된다. 현행 교직이론 과목은 실천지식을 기를 수 있는 과목이 아니라 교육학 이론 과목일 뿐이다(김병찬, 2013; 우한솔, 2015). 교직과목은 이론지식 과목이 아니라 실천지식 과목이어야 한다. 따라서 현재와 같은 이론 중심의 교직이론 과목들은 지양하고 교육활동 및 실천과 관련된 실천지식중심의 교직과목으로 재정립되어야 하고 이러한 교직과목을 대폭 늘려야 한다는 것이다.

그런데 현실적으로 교원양성기관에서 학생들이 이수해야 할 총 학점이 제한된 상황에서 교과교육론 과목과 교직과목을 대폭 늘리기는 어렵다. 바로 이런 이유 때문에 큰 정책적 결단이 필요하다. 교과내용학 과목을 사범대학 등 교사양성기관에서 이수하게 하기보다는 해당 단과대학에 가서 이수하도록 하는 방안을 적극 고려해 볼 필요가 있다. 즉, 교원양성기관에서는 그 기관의 전문 영역인 교과교육론과 교직과목에 집중하여 배우도록 하고, 교과내용학은 더 잘 가르칠 수 있는 해당 단과대학(예를 들어, 국어교육과 내용학은 사범대학 국어교육과가 아니라 인문대학 국문학과)에 가서 배우도록 하는 것이다. 그러면 예비교사들은 교과내용학도 충분히 배울 수 있을 뿐만 아니라 교과교육론과 교직과목도 충분히 배울 수 있다. 물론

이렇게 하기 위해서는 사범대학과 각 단과대학 간의 긴밀한 연계와 협력이 필요하다.

한편, 예비교사들이 교과내용학도 충분히 배우고 교과교육론이나 교직과목도 충분히 배우는 데에 현재 4년의 교육과정으로는 부족하다는 판단이 들 때에는 교원양성교육 기간을 늘리거나 대학원 수준에서의 교원양성도 적극 고려해 볼 필요가 있다(고전, 2009; 신현석, 2009; 정진곤 외, 2004; 최운실, 2004). 이러한 노력을 통해 교원양성기관에서 이론 중심 패러다임에서 실천 중심 패러다임으로 전환할 때, 학교 현장에서 필요로 하는 교사리더십과 전문성을 갖춘 교원을 비로소 길러 낼 수 있을 것이다.

3) 관료주의 패러다임에서 전문주의 패러다임으로

우리나라 교원양성기관은 국가에서 정한 엄격한 규정과 지침을 바탕으로 교사들을 배출하고 있지만 자신들이 배출한 교사의 질에 대해서는 거의 책임을 지지 않고 있다(김문희 외, 2011; 박수정, 2016; 송신철 외, 2014; 양성관, 2011). 교사로서 제대로 된 자질이나 역량을 갖추지 못한 학생도 정해진 교육과정을 이수하고 졸업만 하면 교사 자격증을 받고 교사의 길로 나아갈 수 있는 것이 우리나라의 교원양성 과정의 현실이다(송신철 외, 2014; 우한솔, 2015; 이차영, 2014). 교원양성기관에 입학했다고 해서 모두 교사로서의 자질과 역량을 갖추고 있는 것은 아니다(정미경 외, 2010). 교원양성기관에서는 입학한 학생들에 대해 교사로서의 자질과 역량을 최선을 다해 충분히 길러 주어야 한다. 그럼에도 불구하고 교사로서의 자질과 역량이 부족한 학생은 교직이 아닌 다른 길로 인도해 주어야 한다. 하지만 현재 한국의 교원양성기관은 이러한 역할을 거의 하지 않고 있다(신현석, 2009; 정영수, 2002). 그렇게 된 이유는 우리나라 교원양성기관이 그러한 역할을 감당할 능력이 없어서가 아니다. 그러한 능력을 충분히 갖췄음에도 불구하고 교원양성 과정이 국가주도의 관료주의 패러다임에 의해 운영됨으로 인해 국가 규정이나 지침에 따르느라 국가의 규정이나 지침 이외의 것에는 거의 관심을 두지 않고 있기 때문이다. 설상가상으로 교원양성기관에서 배출한 교사의 질에 대해서는 국가 차원에서도 별다른 지침이나 규정이 마련되어 있지 않은 상황이다(교육부, 2018a).

이렇게 운영되면서 우리나라 교원양성기관은 형식적 정당화에 매몰되어 교원양성교육의 내용적 타당성을 놓치고 있다(김병찬, 2017b; 송경오, 2016). 형식적 정당화는 형식적 요건을 갖추어 과업 수행의 정당성을 확보하는 것을 의미한다. 내용학 몇 학점, 교직과목 몇 학점 등 국가에서 정해 준 기준 학점만 다 채우면 그 학생에게 교사자격증을 수여하고 졸업시킨다. 그 학생이 교원양성 과정에서 무엇을 배우고 어떻게 배웠는지에 대해서는 별 관심을 두지 않는다(정진곤 외, 2004; 최상덕 외, 2014; 홍성연, 2012). 규정 학점을 채웠는지에 대해서만 관심을 두고 규정 학점을 채운 학생에게는 모두 교사자격증을 부여하고 있다. 이와 같이 형식적인 요건을 갖추는 데 몰두하고 그 내용과 질에 대해서는 큰 관심을 기울이지 않은 채 교원을 길러 내는 것이 우리 교원양성기관의 모습이다(김문희 외, 2011; 김병찬, 2001; 박수정, 2016; 이차영, 2014).

형식적 정당화가 중심 운영 원리가 되면서 우리나라 교원양성기관은 내용적 타당성을 소홀히 하고 있다(정미경 외, 2010; 정영수, 2002). 내용적 타당성은 형식적 요건보다 어떤 내용을 배웠는지와 관련이 있다. 내용적 타당성 차원에서는 교사로 준비되는 데 몇 학점을 이수했느냐보다 무엇을 배웠는지를 훨씬 더 중요하게 본다. 교사로서 준비되는 데 필요한 것을 제대로 배웠는지, 갖추어야 할 것을 제대로 갖추었는지 등에 초점을 두고 접근하는 것이 내용적 타당성 접근이다.

교원양성기관에서는 끊임없이 교육내용의 타당성을 확인·점검해야 한다(Hargreaves, 1994; Tan, Liu, & Low, 2017). 교원양성기관에서 제대로 된 교사를 양성하고 있는지, 교사들에게 필요한 것들을 제대로 길러 주고 있는지, 교사로서 필요한 역량과 자질을 충분히 함양시켜 주고 있는지 등에 대해 끊임없이 확인·점검하면서 교사들을 길러 내야 한다(Hargreaves & Fullan, 2012). 이러한 일은 각 교원양성기관이 책임을 지고 주체적으로 해야 하는데, 우리나라에서는 안타깝게도 이런 일마저 국가가 하려고 하고 있다(김병찬, 2017b). 예를 들어, 학교폭력이 사회적으로 문제가 되면 국가가 나서서 교원양성기관에서 학교폭력 과목을 가르치라고 강제로 지침을 내려 보내고, 안전사고가 이슈가 되면 역시 국가가 나서서 안전교육을 예비교사들에게 실시하라고 지침을 주고 압력을 넣는다(교육부, 2018). 이렇게 국가가 지침을 내려 주면 교원양성기관에서는 따르지 않을 수 없기 때문에 충분히 준비도 되지 않은 상태에서 또 하나의 형식적 요건을 채우기 위한 과목으로 개설하여 운영한다(김병찬, 2017b; 김영민 외, 2010). 이렇게 되면 각 교원양성기관에서는 그 과목을 통해 예비교사들에게 무엇을 가르쳤느냐보다 그 과목을 운영했다는 자체로 책임을 다했다고 여기며 그 과목의 내용과 질에 대해서는 큰 관심을 기울이지 않는다(양성관, 2011; 이소은 외, 2016). 국가에서 내려 준 '학교폭력' 관련 과목을 개설하여 운영했다는 것이 중요하지 그 과목에서 무슨 내용을 어떻게 가르치는지에 대해서는 별 관심을 두지 않는다.

국가가 이렇게 통제·관리하려고 해서는 안 된다. 각 교원양성기관에서 전문성을 바탕으로 예비교사들에게 필요한 것들을 스스로 연구·개발하여 가르치도록 해 주어야지 국가가 일방적으로 내려 주어서는 안 된다(Murphy, 2005). 그래야 교원양성기관이 스스로의 교육에 대해 내용적 타당성을 확보하기 위해 노력할 것이고 제대로 된 교육양성교육을 실시하려고 할 것이다. 국가가 교원양성과 관련하여 거의 모든 것을 통제하며 일방적으로 내려 주고 있으니 교원양성기관이 제 역할을 못하고 있는 것이다.

대부분의 국가에서 교원양성교육은 '관료주의 패러다임'이 아닌 '전문주의 패러다임'에 기반해서 이루어지고 있다(Loughran & Hamilton, 2016; Sahlberg, 2011). 교원양성교육을 전문주의 패러다임에 기반해서 운영하는 것이 세계적인 흐름인 이유는 교원양성교육의 특성 때문이다. 즉, 교사를 양성하는 것은 관료적·행정적 일이 아니라 고도의 전문적 과업이기 때문에 그 특성에 맞게 운영하는 것이다(Hargreaves & Fullan, 2012; Tan, Liu, & Low, 2017). 고도의 전문성을 필요로 하는 교원양성은 그 전문성을 확보한 기관에서 전문성

4. 교원양성기관 차원의 변화

을 바탕으로 이루어져야지 국가가 획일적·관료적으로 통제해서는 안 된다는 이유 때문이다. 이러한 맥락에서 대부분의 국가에서는 교원을 양성함에 있어서 국가 개입을 최소화하고 전문기관인 각 교원양성기관의 자율과 재량에 맡기고 있다(김병찬, 2017a; 정일환 외, 2012; Sahlberg, 2011).

우리나라 교원양성기관도 국가가 규정한 형식적인 요건을 채우는 데 급급한 관료주의 패러다임에서 빨리 벗어나 교사의 질 및 전문성 함양에 초점을 맞추는 전문주의 패러다임으로의 전환해야 한다. 국가 역시 교원양성기관이 스스로 책임의식을 가지고 끊임없이 연구·개발하면서 질 높은 교사를 길러 낼 수 있도록 해 주어야 한다(Fullan, 2005). 이를 위해서 국가가 교원양성기관을 통제·관리하려고 하지 말고 큰 틀과 방향만 정해 주고 실질적인 운영과 교육은 과감하게 교원양성기관에 맡겨야 한다. 그리고 전문기관인 교원양성기관이 책임감을 가지고 교원양성을 해낼 수 있도록 충분한 자율을 주고 지원해 주어야 한다. 전문기관인 교원양성대학으로 하여금 전문적 역할을 감당하게 해야지, 국가의 지침이나 따르는 기능적 역할에 머물게 해서는 안 된다(Loughran & Hamilton, 2016). 물론 각 교원양성기관도 전문성을 최대한 발휘하여 최고의 교사를 길러 낼 수 있도록 충분한 전문성을 갖출 뿐만 아니라 적극적으로 노력해야 한다. 우리가 질 높은 교사, 리더십을 발휘하여 교육을 잘 이끌어 가는 우수한 교사를 확보하기 위해서는 교원양성기관 운영과 관련하여 관료주의 패러다임에서 전문주의 패러다임으로의 시급한 전환이 필요하다.

제6장

교사는 어떻게 해야 하는가

학생들의 학업성취나 성장에는 교육부 장관, 교육감, 교장 등의 리더십보다 교사의 리더십이 훨씬 더 효과적이고 중요하다(Bond, 2015: X; Lieberman & Miller, 2004). 따라서 교사가 리더십을 발휘하여 교육을 제대로 이끌어 나가는 것이 학교 교육의 성공을 위한 핵심 열쇠이다(Harris & Muijs, 2005). 그러므로 그 어떤 경우에도 교사가 책임의식을 가지고 단 한 명의 아이도 포기하지 않겠다는 마음으로 끝까지 아이들을 이끌고 가르치는 것만이 교육이 살 길이다(Hargreaves & Fullan, 2012). 그리고 이것은 아무리 4차 산업혁명 시대가 되어 최첨단의 사회가 도래한다고 해도 결코 변하지 않는 학교 교육의 진리이다(박영숙 외, 2018; 최상덕 외, 2014). 따라서 교사에게 리더십을 갖추도록 하는 것은 매우 중요한 과제이다. 하지만 교사 리더십을 갖추는 것은 쉬운 일이 아니며 하루아침에 이루어질 수 있는 것도 아니다. 그렇다면 교사리더십을 갖추기 위해 우리 교사는 무엇을 어떻게 해야 하는가? 교사리더십을 갖추기 위해서는 다양한 차원에서 많은 노력이 필요한데, 이 장에서는 교사리더십을 갖추기 위해 교사들이 스스로 어떤 자세와 태도를 가지고 노력해야 하는지에 대해 논의하고자 한다.

1. 교사 스스로 서기

앞서 교사리더십이 활성화되기 위한 학교, 교장, 교육청, 교육부, 교원양성기관 차원의 변화 방향에 대해 논의하였다. 각 기관은 교사리더십이 국가 미래 교육의 핵심 열쇠임을 인식하고 교사리더십 함양을 위해 보다 적극적인 관심과 노력을 기울여야 한다(Bond, 2015; Katzenmeyer & Moller, 2009). 하지만 교사리더십의 이러한 중요성에도 불구하고 각 학교, 교장, 교육청, 교육부, 교원양성기관 등이 제5장에서 언급한 교사리더십 활성화를 위한 방향으로 쉽게 변화할 가능성은 높지 않다. 지금까지 수많은 개혁 요구와 노력에도 불구하고 이 기관들의 실질적인 변화는 매우 느리거나 거의 이루어지지 않았던 것이 우리의 현실이다(신현석, 2010; 안병영, 하연섭, 2015; 정영수, 2002; 정은균, 2017; 조희연, 2016; 최상덕 외, 2014). 그동안의 경험을 통해 볼 때 앞의 제5장에서 제시한 방향이 옳고 바람직하다고 하더라도 학교, 교장, 교육청, 교육부 등이 그러한 방향으로 변화하는 것은 결코 쉽지 않을 뿐만 아니라 오랜 시간이 걸릴 수 있다.

아무리 이야기해도 변하지 않는, 변화하기가 너무 어려운 각 기관들에게 변화하라고 요구하는 것은 얼마나 공허한 일인가? 교사리더십이 활성화되고 교육을 살리기 위해서는 학교, 교장, 교육청, 교육부, 교원양성기관이 변해야 하는데 변하지 못하는 상황을 우리는 싫지만 인정해야 한다. 그것을 인정한다면 그 다음은 어떻게 해야 하는가? 우리의 학교, 교장, 교육청, 교육부, 교원양성기관이 변할 가능성이 높지 않다고 낙담하고 있을 수만은 없다. 교사가 나서야 한다. 학교, 교장, 교육청, 교육부, 교원양성기관이 바뀌어야 한다고 교사가 요구하고 주장해야 한다.

아울러 무엇보다 우선적으로 중요한 것은 우리 교사 스스로 리더로 우뚝 서는 것이다. 비록 학교, 교장, 교육청, 교육부, 교원양성기관이 바뀌지 않는다 하더라도 이들이 바뀌기만을 막연하게 기다리지 말고 교사 스스로 먼저 교사리더십을 발휘하여 교육을 이끌어 나가야 한다. 교사들은 끌려다녀서는 안 되며 교육의 주체이자 리더로서 당당하게 서야 한다. 그렇다고 교장, 교육청, 교육부를 거부하라는 이야기는 절대 아니다. 교장, 교육청, 교육부의 지침과 방침은 존중하되, 학교 및 교실 상황에서의 교육의 책임자는 교사임을 명심하고 주체의식과 책임의식을 가지고 당당하게 교육을 이끌어 가야 한다는 것이다. 교장, 교육청, 교육부는 교사들을 지원해 주는 지원기관이다. 이러한 지원기관이 변하지 않는다고 해서 끌려다니지 말고, 교육의 중심인 교사 스스로 리더십을 발휘하여 교육을 이끌어 가야 한다. 학교, 교장, 교육청, 교육부가 변화되지 않아도 교사가 할 수 있는 것이 있고 해야 할 일이 있다. 교사가 해야 할 일에 집중하는 것만으로도 훌륭한 교육을 할 수 있다. 변화하지 않은 학교, 교장, 교육청, 교육부를 바라보며 답답해하거나 낙담하지 말고 오로지 학생에 대한 책임의식을 가지고 교사 스스로 먼저 리더로서 당당하게 서야 한다.

2. 모든 교사가 리더

교사리더십을 발휘한다고 해서 교사들이 엄청난 무엇을 해야 하는 것은 아니다(Murphy, 2005). 또한 교사리더십을 발휘한다고 해서 반드시 앞장서야 하고 무언가를 끌고 가야 하는 것도 아니다. 그리고 교사리더십을 발휘한다고 해서 누군가를 지배하고 군림하는 것은 더더욱 아니다(Danielson, 2006). 교사가 리더십을 갖는 것의 가장 큰 의미는 마음 자세의 변화이다. 마음의 변화만으로도 충분히 교사리더십을 갖출 수 있다(Lieberman & Miller, 2004). 리더로서의 마음과 생각을 가지고 교육활동을 수행해 나가면 그 자체로 교사리더십을 발휘하는 것이다(Leithwood, 1994). 생각과 마음만 변해도 리더십을 갖출 수 있다(Katzenmeyer & Moller, 2009). 그렇다면 어떤 마음의 변화와 생각의 변화가 필요할까? 가장 우선적인 것이 교사로서 교육의 주인의식을 갖는 것이다(Harris & Muijs, 2005). 교육의 주인의식을 갖는다면 그 교사는 이미 리더십을 갖춘 교사이다. 자기가 맡은 아이와 학급에 대해 주인의식을 가지고 주도적으로 이끌어 간다면, 교사리더십이라는 표현을 쓰지 않아도 그 교사는 이미 교사리더십을 발휘하고 있는 것이다. 주인의식을 가지고 한 아이도 놓치지 않고 끝까지 이끌고 가겠다는 그 마음이 교사리더십이다(Sahlberg, 2011). 따라서 이러한 교사리더십은 몇몇 리더 교사에게만 필요한 것이 아니라 모든 교사에게 필요하다(Katzenmeyer & Moller, 2009). 모든 교사가 리더가 될 수 있으며 반드시 리더가 되어야 한다(Lieberman & Miller, 2004). 그리고 모든 교사는 이미 교사리더십 잠재력을 가지고 있다(Danielson, 2006). 다만 많은 교사의 교사리더십 잠재력이 아직 깨어나지 않고 있을 뿐이다. 모든 교사의 내면에 깊이 잠들어 있는 교사리더십을 깨워야 한다(Katzenmeyer & Moller, 2009). 그리고 단 한 사람도 예외 없이 모든 교사는 리더로서야 한다.

3. 교사로서 리더의식 갖기

교사리더십을 갖추기 위해 교사는 어떤 노력을 해야 할까? 많은 노력이 필요하지만 가장 중요한 것은 리더의식을 갖는 것이다. 교사 스스로가 '리더'라는 의식을 가져야 한다. 교사가 리더의식을 갖는 것은 교사리더십 발휘의 출발일 뿐만 아니라 거의 전부라고 해도 과언이 아니다(Danielson, 2006; Katzenmeyer & Moller, 2009). 리더라는 의식이 약하거나 없을 때 교사는 수동적이 된다. 수동적이 되면 교사들은 적극적으로 교육을 이끌어 가지 않고 교육부나 교육청 또는 주변에 의존하거나 '눈치'를 보게 된다(김병찬, 임종헌, 2017; 정광희 외, 2007). 즉, 리더의식이 약한 교사는 능동적으로 교육활동을 수행하는 것이 아니라 교육부, 교육청 등의 상급기관 혹은 외부의 요구에 끌려다니는 교사가 되는 것이다(Lieberman & Miller, 2004). 이러한 경우에는 그 어떤 교육도 제대로 이루어지기 어렵다. 교사가 수동적이 되면 진정으로 아이들에게 필요한 교육을 하기 어렵다 (Murphy, 2005). 따라서 교육이 제대로 이루어지기 위해서는 교사들이 능동적이어야 하며 확고한 리더의식을 가지고 있어야 한다. 교사가 리더의식을 갖는 것은 진정으로 교사가 교육다운 교육을 하기 위한 핵심 기반이다.

그렇다면 리더의식을 갖기 위해서는 무엇을 어떻게 해야 하는가? 교사 중에는 '교사리더십 발휘의 중요성과 의미에 대해서는 알겠는데, 그렇다면 교사리더십을 발휘하기 위해 무엇을 어떻게 준비하고, 무엇을 어떻게 해야 하지?'라고 막연하게 생각하며 어려워하는 교사도 있다(김병찬, 조민지, 2015; 윤정, 2018). 또 '교사리더십을 갖추기 위해 또 무슨 방법과 기술을 배우고 연수를 받아야 하나?'라고 고민하는 교사도 있을 수 있다. 교사리더십을 발휘하기 위해 방법과 기술을 배우고 익히는 것도 물론 중요하다. 하지만 교사리더십은 방법론이 아니라 철학의 문제이다(Bond, 2015). 교사리더십을 발휘하기 위해서는 아이들을 어떻게 다루느냐보다 어떻게 바라보느냐가 훨씬 더 중요하다(Hargreaves & Fullan, 2012). 리더로서의 의지와 자세, 철학만 확고하게 정립되어 있다면 방법론은 조금 서툴러도, 이러저러한 좋다는 방법을 동원하지 않아도 그 교사는 이미 리더이며 리더십을 발휘할 수 있다. 그렇다면 교사로서 리더의식을 갖는다는 것이 구체적으로 어떤 의식을 갖는 것일까? 여러 선행연구(김병찬, 윤정, 2015; 김병찬, 조민지, 2015; 김영태, 1999; 윤정, 2018; 윤정일 외, 2004; 이중현, 2017; Danielson, 2006; Hargreaves & Fullan, 2012; Katzenmeyer & Moller, 2009)가 밝히고 있는 가장 대표적인 교사로서의 리더의식은 '주체의식', '책임의식', '자율의식'의 세 가지이다.

1) 주체의식

교사로서 리더의식을 갖는다고 할 때 가장 대표적인 것은 '주체의식'이다(윤정, 2018; Lieberman & Miller, 2004). 주체의식은 '교육의 주체는 교사'라는 의식이다. 물론 학생도, 학부모도 교육의 주체이다. 특히 구성주의 인식론의 대두로 교육의 주체로서의 학생의 위상은 더욱 강조되고 있다. 지식을 구성해 가는 주체로서의 학생의 위치와 역할은 매우 중요하다(Fosnot, 1996a). 그런데 학생도 교육의 주체인 것은 분명하지만 교사와 동등한 주체는 아니다(Brooks & Brooks, 1993). 학생들이 주체적으로 지식을 구성해 가도록 그 과정을 설계하고, 돕고 지원하며, 촉진하는 역할은 그 누구도 대신할 수 없는 교사의 역할이며 교사들이 주체적으로 해야 하는 일이다(Murphy, 2005). 교사의 그 역할에 의해 학생의 지식 구성이 좌우될 수 있다. 교육에서 누구도 대신해 줄 수 없는 중요한 역할을 담당하는 교사는 교육의 핵심 주체인 것이다(Danielson, 2006).

한편 최근 들어 우리나라에서 일부 지역을 중심으로 '마을교육공동체'를 비롯하여 다양한 '교육공동체'가 활성화되면서 학부모, 지역사회, 지역기관 등이 교육의 주체로 참여하고 있다(이인규 외, 2017; 이중현, 2017). 이들 또한 교육의 주체임은 분명하다. 하지만 교육의 주체로서 이들과 교사의 역할은 분명히 다르다. 다양한 주체가 참여한다고 하더라도 결코 교육의 주체로서의 교사 역할과 의미가 축소되는 것이 아니다(Hargreaves, 2008). 오히려 이들과의 관계 에서 교사의 역할은 더욱 중요하며 교사의 '주체의식'은 더욱 확대 · 강화되고 있다(김병찬, 조민지, 2015; 이성대, 2015; 이중현, 2017; 정성식, 2014).

이와 같이 어떤 상황에서도 교육의 주체는 교사이며 그 역할은 매우 중요하다(Hargreaves & Fullan, 2012). 그리고 이러한 교사의 역할은 교육부, 교육청, 교장은 물론이고 학부모도, 마을공동체도, 지역사회도 대신해 줄 수 없다(Bond, 2015). 오직 교사만이 할 수 있고 교사가 해야 하는 역할이다. 교사가 이 역할을 얼마나 제대로 잘해 주느냐에 교육의 성패가 달려 있다(이인규 외, 2017; Danielson, 2006). 이러한 주체의식을 갖는 것이 교사리더십의 발휘의 가장 중요한 핵심 기반이다.

2) 책임의식

교사가 리더의식을 갖는다는 것의 또 하나의 의미는 '책임의식' 이다(Katzenmeyer & Moller, 2009). 책임의식은 '교육을 책임지겠다는 의식', '맡은 학생을 책임지겠다는 의식'이다. 교사는 학생에 대해 책임을 져야 하는 자리이다. 학부모가 아이를 학교에 맡겼다면 교사들은 그 아이의 교육에 대해 책임을 져야 한다(이종태 외, 2000; 이차영, 2016). 이것은 공교육 제도 공동의 믿음이며 기반이다 (Sergiovanni, 2006). 아이들의 교육을 각 가정에서 알아서 담당하던 과거 시대와 달리, 근대 사회 이후에는 아이들의 교육을 국가가 담당하게 되었고 그러한 교육을 잘 수행해 달라고 국민은 세금을 내고 아이들을 국가에 맡기고 있다(Levinson, 2011; Lieberman & Miller,

2004). 이에 따라 국가는 교육을 담당하기 위해 학교를 세우고 교사를 선발하여 교육을 실시한다. 교육을 위임받은 국가는 교사를 통해 그 교육을 수행한다(조석훈, 김용, 2007). 따라서 교육의 책임이 국가에 있다는 것은 곧 그 책임이 교사에게 있다는 것을 의미하는 것이기도 하다(Levinson, 2011).

그러므로 교사는 교육에 대한 책임을 져야 한다(Sleeter, 2007). 국가와 국민이 자녀 교육을 교사에게 맡겼으니 교사는 책임져야 하는 것이다. 물론 학교에 의존하지 않고 스스로 사교육을 찾아 아이들을 교육시키는 부모도 적지 않지만 이것은 어디까지나 기형적인 모습이며, 국가와 교사가 그 책임을 다하지 않음으로 인해 나타나는 한 모습이다(오욱환, 2000; 이종각, 2014). 아무리 사교육에 의존하는 부모라 하더라도 학교와 교사들의 역할을 인정하지 않거나 무시하지는 않는다(이돈희, 1998; 한희정, 2015). 오히려 이들 또한 학교와 교사들이 역할을 제대로 잘해 주기를 간절히 바라고 있다(이성대, 2015). 사교육을 시키든 시키지 않든 대부분 학부모는 학교와 교사들이 역할을 제대로 해 주어 교육다운 교육이 이루어질 수 있기를 간절히 원하고 있다(윤정일, 이훈구, 주철안, 2004; 이종각, 2014).

이러한 믿음과 바람의 토대 위에서 대다수의 국민은 학교와 교사를 믿고 자신의 자녀를 학교에 맡기고 있다. 이들은 자녀의 운명을 학교에 맡기고 있는 것이다(이종각, 2014). 그리고 대부분의 학부모는 학교에 크게 간섭하거나 개입하지도 않는다. 그야말로 학교와 교사를 믿고 맡기는 것이다. 이 얼마나 막중한 책임인가? 이렇게 맡겨진 아이들에 대해 교사는 책임을 져야 한다. 학교 교육의 결과에 따라 그 아이의 인생이 달라질 수 있고 또 국가의 미래도 달라질 수 있다(윤정일, 이훈구, 주철안, 2004; 이인규 외, 2017; 조희연, 2016). 이러한 아이들을 가르쳐야 하는 엄청난 책임이 교사에게 맡겨져 있는 것이다. 이 책임은 교사 이외에 그 어느 누구도 대신해 줄 수 없다(Fullan, 2005). 교사가 할 일을 교장이 대신해 줄 수 없고 교육청도, 교육부도 대신해 줄 수 없다. 설령 도와줄 수는 있더라도 교사를 대신할 수는 없다(Bond, 2015). 교사가 맡은 일은 오로지 교사가 책임을 져야 한다. 따라서 교사가 그 책임을 소홀히 하면 그 교육은 실패할 수밖에 없다. 교육의 실패는 결국 아이의 실패이며, 곧 국가의 실패로 이어진다(윤정일, 이훈구, 주철안, 2004; Katzenmeyer & Moller, 2009).

교사의 책임은 결코 가벼운 것이 아니다. 교사가 책임의식을 느낀다면 결코 소극적으로, 수동적으로 아이들을 대할 수가 없다(Lieberman & Miller, 2004). 보다 적극적이고 능동적으로 아이들을 대하게 될 것이며 단 한 명의 아이도 놓치지 않겠다는 결연함도 생겨날 것이다(Lieberman & Miller, 2004; Sahlberg, 2011). 왜냐하면 그 어떤 아이도 교사가 책임지지 않아도 되는 아이, 교사가 방치해도 되는 아이는 없기 때문이다. 이와 같이 교사는 자신에게 맡겨진 모든 아이에 대해 책임을 져야 하는 자리이며, 그 아이의 장래와 국가의 미래를 좌우할 그야말로 막중한 자리이다. 교사는 반드시 모든 아이를 책임지겠다는 책임의식을 가져야 하며, 그 책임의식의 발휘가 바로 교사리더십인 것이다.

3) 자율의식

교사가 리더의식을 갖는 것의 또 하나의 의미는 '자율의식'이다 (Danielson, 2006). 교직은 전문직이다. 전문직은 고도로 복잡하고 고차원적인 과업을 수행하는 직종이며 그러한 전문직 과업을 수행하도록 하기 위해 그 직업을 맡은 사람들에게 자율권을 부여하고 있다(Murphy, 2005). 이와 같이 전문직은 부여된 자율권을 바탕으로 복잡하고 고차원적인 과업을 수행하는 직업이다. 교사 역시 매우 복잡하고 고차원적인 과업인 학생의 성장·발달을 돕고 지원하는 전문직으로서 그 과업을 수행하기 위한 자율권을 부여받고 있다 (Hargreaves & Fullan, 2012).

물론 교사들에게 부여된 자율권이 충분한지에 대해서는 논란이 있기는 하지만(권재원, 2017; 나민주 외, 2015; 박한숙, 정태근, 2017), 교사는 다른 직종에 비해 비교적 높은 수준의 자율권을 부여받고 있다(김병찬, 조민지, 2015; 김영태, 1999; 서경혜, 2015). 특히 교사들의 핵심적인 과업 수행의 장(場)인 '교실' 안에서는 거의 절대적인 자율권을 부여받는다(Lieberman & Miller, 2004; Lortie, 2002). 대부분의 교사는 자신의 교실에서 재량껏 자율적으로 교육활동을 수행하고 있다. 이러한 교실 안에서의 자율적 교육활동에 대해 그 어느 누구도 크게 간섭하거나 개입하지 않는다(윤정일, 이훈구, 주철안, 2004; 이홍우, 2008). 교실 안에서의 활동은 오로지 그 교사의 전문성을 믿고 맡긴다.

국가와 사회가 교사들에게 자율권을 부여하고 교육을 믿고 맡기는 것은 교육의 특성 때문이다(Hargreaves & Fullan, 2012). 교육은 공장에서 획일적으로 물건을 만들어 내는 것과 같은 일이 아니라 매우 정교한 인간을 다루는 복잡한 과업이다(Lortie, 2002). 교육은 매우 복잡하기 때문에 획일적인 지침과 매뉴얼로는 결코 제대로 수행할 수 없다(Fullan, 2005). 교육은 온갖 것을 다 고려하며 신중하고 치밀하게 접근해야 한다. 이러한 일을 제대로 잘 수행하도록 하기 위해 교사에게 자율권을 부여하는 것이다(Hargreaves & Fullan, 2012).

하지만 교사에게 부여된 자율권은 결코 '하고 싶은 대로 해도 된다'는 자율의 남용을 의미하는 것은 아니다(Lieberman & Miller, 2004). 고도로 복잡한 학생을 다루는 데 있어서 그 전문적 과업 수행을 위한 자율이다(Fosnot, 1996b). 학생을 보다 더 잘 이해하고 가르치기 위하여, 학생과 학급의 복잡한 상황과 맥락을 제대로 분석하고 각 학급 및 학생의 필요에 맞게 가장 적절한 교육을 실시하기 위하여 전문성을 발휘하라고 교사에게 자율권을 부여하고 있는 것이다(이홍우, 2008; Lortie, 2002).

이러한 자율은 교사리더십의 핵심 기반이다(Katzenmeyer & Moller, 2009). 교사리더십은 전문성을 바탕으로 자율적으로 과업을 수행하는 과정에서 발휘된다(Day & Harris, 2003). 따라서 교사리더십을 발휘하기 위해서는 높은 자율의식을 갖추고 있어야 한다. 교사에게 자율의식이 없거나 약하면 수동적이거나 타율적이 되어 교사리더십을 발휘하기가 어려워진다. 리더에게 자율의식이 없으면 결코 제대로 된 리더십을 발휘할 수 없는 것이다(Murphy, 2005). 자율의식을 바탕으로 학생, 동료교원, 학부모에게 영향력을 미치는 과정이 교사리더십의 발휘 과정인 것이다(Lieberman & Miller, 2004).

앞에서 언급한 바와 같이 학교, 교장, 교육청, 교육부 등이 변하지 않는다 하더라도 교육의 수행과 발전을 위해서는 교사 스스로 교사리더십을 발휘해야 하는데, 이는 교사가 리더의식을 갖는 것으로부터 비롯된다. 리더의식은 바로 교사가 주체의식, 책임의식, 자율의식을 갖고 교육활동을 수행하는 것이다. 이러한 리더의식은 학교, 교장, 교육청, 교육부의 역할이나 변화와 상관없이 교사 스스로의 노력과 의지로 갖출 수 있다. 물론 교사들이 리더의식을 갖도록 학교, 교장, 교육청, 교육부가 도와주고 지원해 주면 금상첨화(錦上添花)겠지만, 교사 스스로도 충분히 노력을 통해 갖출 수 있다. 진정으로 교육다운 교육을 하기 원한다면, 외부환경이 변하기만을 기다리거나 환경 탓만 하지 말고, 교사가 먼저 스스로 리더의식을 갖고 교사리더십을 발휘하여 교육을 수행해 나가야 한다. 교사로서 리더의식을 갖는 것은 그 어떤 상황과 환경에서도 가능하며, 교사가 리더의식을 가질 때 진정한 교육이 이루어질 수 있다.

4. 교사리더십 발휘하기

교사들이 리더의식, 즉 주체의식, 책임의식, 자율의식 등을 바탕으로 과업을 수행해 간다면 얼마든지 교사리더십을 발휘할 수 있다. 그렇다면 교사들이 리더의식을 갖고 교육활동을 수행해 가는 모습은 어떤 모습일까? 교사리더십을 발휘하여 과업을 수행해 가는 모습은 매우 다양하게 나타날 수 있다(Danielson, 2006; Katzenmeyer & Moller, 2009; Lieberman & Miller, 2004; Murphy, 2005). 이 절에서는 앞의 제2장에서 제시한 교사리더십 발휘 속성을 중심으로 교사리더십 발휘 모습을 제시해 보고자 한다. 구체적으로 교사리더십 발휘는 목표지향적이며, 과업주도적이고, 공동체적이며, 전문적으로 과업을 수행하는 모습으로 나타날 수 있다.

1) 목표지향적 과업 수행

교사리더십을 발휘하는 구체적인 모습은 우선 목표지향적으로 과업을 수행하는 것이다(Murphy, 2005). 리더십은 기본적으로 조직의 목표 달성을 위한 영향력이며 조직의 목표 달성 과정에서 발휘되는 힘이다(Danielson, 2006). 기본적으로 학교의 목표, 학급의 목표가 무엇인지부터 잘 인식 · 인지하고 교육활동을 수행해 나가는 것이 교사리더십 발휘의 출발이다(Murphy, 2005). 아울러 매 교육활동마다 그리고 매 수업시간마다 교육활동 및 수업의 목표가 무엇인지 분명하게 인식한다면 교사리더십 발휘는 훨씬 더 고양될 것이다(Lieberman & Miller, 2004). 이와 같이 교사리더십 발휘는 교육활동 수행 과정에서 보다 분명하게 목표의식을 갖는 것부터 시작된다. 교사들이 모든 교육활동에서 교사리더십을 발휘하고자 한다면, 우선 명확한 목표의식을 가질 필요가 있다.

2) 과업주도적 과업 수행

교사리더십 발휘의 또 하나의 구체적인 모습은 과업주도적 과업 수행이다(Katzenmeyer & Moller, 2009). 학교 차원의 교육활동이든, 학급 차원의 교육활동이든 교사가 소극적·수동적인 자세를 가진 다면 리더십이 발휘되기 어려울 뿐만 아니라 교육활동도 성공하기 어렵다(Gronn, 2000). 따라서 어떤 교육활동이든 교사는 능동적·적극적으로 교육활동을 수행할 필요가 있다(Frost & Durrant, 2003). 교육의 주체이자 책임자인 교사가 리더십을 발휘하기 위해서는 이 러한 과업주도성을 반드시 갖추어야 한다(Lieberman & Miller, 2004). 그런데 교사가 과업을 주도적으로 이끌어 간다고 해서 일방적으 로 교사가 모든 것을 끌고 가는 것을 의미하는 것은 아니다(Harris & Muijs, 2005). 교사의 과업주도적 리더십은 능동적·적극적 리더 십이지 독단적 리더십이 아니라는 뜻이다(Fay, 1992). 과업주도성 은 교사 혼자 모든 것을 끌고 나가는 것을 의미하는 것이 아니라 여 러 주체와 함께 과업에 대한 책임의식과 주체의식을 바탕으로 적극 적으로 과업을 수행해 나가는 것을 의미한다(Danielson, 2006). 이처 럼 주도적으로 과업을 수행해 나가는 것이 교사리더십 발휘의 모습 이다.

3) 공동체적 과업 수행

교사리더십 발휘는 또한 공동체적 과업 수행 모습으로 나타난다 (Day & Harris, 2003). 공동체성은 기본적으로 과업을 수행함에 있 어 혼자 하지 않고 함께하는 것을 의미한다(정광희 외, 2007). 교육 의 대상, 내용, 방법, 환경 등이 더욱 복잡해져 가기 때문에 교육 활동을 수행함에 있어 교사 혼자 감당하기는 점점 더 어려워지고 있다(Hargreaves, 2003). 따라서 교육활동 수행 과정에서 학생, 동료교원, 학부모 등과의 협력은 매우 중요해졌으며 이들과 협력할 수 있는 협동역량이 교육활동 성패의 관건이 되었다(오찬숙, 2016; Hargreaves & Fullan, 2012). 여러 주체와 함께 과업을 수행해 나가는 교사의 교사리더십 발휘 과정은 공동체적 과업 수행 과정이며, 공동의 협력 과정이다(Bond, 2015). 이와 같이 공동체성과 협동성은 교사리더십 발휘의 핵심 속성이다.

4) 전문적 과업 수행

교사리더십 발휘는 또한 전문적 과업 수행 모습으로 나타난다 (Suranna & Moss, 2002). 교직은 전문직이므로(Bond, 2015), 교사가 교육활동을 수행하기 위해서는 반드시 전문성을 갖추고 있어야 한다. 그리고 교육활동 과정에서의 교사리더십 발휘는 전문적으로 교육적 영향력을 끼치는 과정이다(Kouzes & Posner, 2010). 따라서 교사가 리더십을 발휘하여 교육적 영향력을 끼치기 위해서는 전문성을 갖추고 있어야 한다(Murphy, 2005). 전문성을 갖춘 교사는 교사리더십을 발휘함에 있어 전문적으로 판단하고, 관계를 맺으며, 과업을 수행한다(Danielson, 2006). 바로 이러한 전문적인 판단, 관계, 과업 수행의 과정이 교사리더십 발휘의 또 하나의 중요한 기반인 것이다. 교사리더십을 발휘하기 위해서는 보다 넓게 이해하고 깊이 있게 볼 수 있어야 하며, 보다 많은 것을 고려하여 판단할 수 있는 전문성을 갖추고 있어야 한다(Lieberman & Miller, 2004). 이와 같이 교사리더십 발휘는 전문적 과업 수행의 과정이다.

종합적으로 교사가 교육활동을 수행하면서 목표지향적이고, 과업 주도적이며, 공동체적이고, 전문적으로 과업을 수행하는 것이 교사 리더십 발휘 모습이다. 즉, 학교나 학급에서 교육활동을 수행하면서 보다 뚜렷한 목표의식을 갖고 과업을 수행하며, 교육활동을 주도적으로 이끌어 가고, 협력하여 함께 수행하며, 전문적으로 과업을 수행하는 교사가 교사리더십을 발휘하는 교사인 것이다.

5. 진정한 교육의 주체로 서야

우리 교육이 살아나기 위해 가장 중요하면서도 기초적인 것이 교사리더십이다. 교사가 리더로 우뚝 서서 책임의식을 가지고 단 한 명의 아이도 포기하지 않겠다는 마음으로 끝까지 아이들을 돌보고 가르치는 것만이 교육이 살 길이다.

우리나라에 리더십을 잘 발휘하는 교사들도 많지만, 아쉽게도 아직 리더로서의 주체의식과 정체성이 약하고 리더십을 잘 발휘하지 못하는 교사 역시 많다. 교육을 위해서는 모든 교사들이 리더십을 발휘해야 한다. 모든 아이가 소중하고 중요한 만큼 모든 교사가 리더십을 갖추고 있어야 하는 것이다. 그런데 교사들이 리더십을 갖출 때까지 아이들은 기다려 주지 않는다. 교사로서 리더십 역량을 충분히 갖추지 못했다 하더라도 교사는 지금 만나고 있는 아이들을 위하여 리더십을 발휘해야 한다. 그렇다면 어떻게 해야 할 것인가? 걱정할 필요 없다. 왜냐하면 리더십이란 어떤 특별한 비법이 있어 그것을 배워야 발휘할 수 있는 것이 아니라, 교사의 마음 자세와 의

지야말로 리더십 발휘의 가장 중요한 기반이기 때문이다. 교사로서 학생들을 책임지겠다는 마음, 끝까지 학생들을 포기하지 않겠다는 마음과 의지를 가지면 된다. 교사 안에 잠자고 있는 '잠자는 거인'을 깨우면 되는 것이다(Katzenmeyer & Moller, 2009).

그리고 진정으로 교육의 성공을 원한다면 국가는 교사들을 교육주체로 세워 주어야 한다. 교사들을 진정한 교육의 주체이자 리더로 세우고 리더십을 발휘할 수 있도록 해 주어야 한다. 그래야 교육개혁도 제대로 할 수 있고 앞으로 닥쳐올 미래 사회의 엄청난 교육의 변화에도 제대로 대응할 수 있다.

교사들 또한 이제 교사 스스로 리더로 서야 한다. 교사의 역할 자체가 근본적으로 리더의 역할이다. 교사들이 먼저 셀프리더십(self-leadership)을 발휘하여 교사 스스로 리더로서 우뚝 서야 한다(Manz & Neck, 2003). 그리고 비록 교사리더십 발휘를 촉진할 지원체제가 잘 구축되어 있지 않다 하더라도 낙담하지 말고 오로지 아이들만 바라보고 뚜벅뚜벅 걸어가야 한다.

모든 교사에게 잘 맞는 아이들을 잘 돌보고 가르치기 위한 비법은 없으며, 다른 교사의 그 어떤 좋은 방법도 나에게는 적합하지 않을 수 있다. 자신의 교육방법은 오로지 스스로 개발해야 하며, 최선을 다해 개발했다면 그것이 나에게 가장 적합한 방법일 수 있다. 모든 교사는 교육의 길을 개척해 나가는 선구자이며 리더이다. 교사를 구원해 줄 수 있는 사람은 아무도 없다. 교육부도, 교육청도, 교장도 교사를 도와줄 수는 있지만 교사를 대신해 줄 수는 없다. 교사 스스로 일어서야 한다. 모든 교사는 리더이며 리더십을 발휘해야 하고 또 발휘할 수 있다.

❋ 참고문헌

강명숙, 김정섭(2014). 초등학교 교사를 위한 셀프 리더십 프로그램이 교사효능
   감 및 직무만족도에 미치는 영향. 직업교육연구, 33(1), 29-51.

강상진, 권대봉, 김지자, 윤종건, 이시형, 이원영, 이종재, 임승룡, 정영수, 한준
   상, 현동화, 길형환, 문창재, 정범모(1999). 21세기를 향한 교육개혁. 서울:
   민음사.

강승규(2006). 학생의 삶을 존중하는 교사의 교육철학: 일 제안. 교육문제연구,
   25, 1-25.

강승규(2012). '좋은 교사'를 양성하기 위한 교원양성기관평가의 방향. 교육문제
   연구, 44, 127-153.

강인수, 윤정일, 김영철, 신재철, 조석훈, 신현석, 김병주(2004). 한국 교육의 책
   무성에 대한 반성과 과제. 한국교육개발원 현안연구, OR 2004-8.

강인애(1997). 왜 구성주의인가: 정보화시대와 학습자중심의 교육환경. 서울: 문음사.

강일국, 문희경(2009). 승진준비과정에 나타난 중등교원의 행동 특징 연구. 교
   육행정학연구, 27(3), 471-496.

강준만(2017). 소통의 무기: 일상의 '왜'에 답하는 커뮤니케이션 이론. 서울: 개마고원.

강진령(2015). 학교상담과 생활지도: 이론과 실제. 서울: 학지사.

강태중, 이동태, 이명준(1996). '새 학교'구상: 좋은 학교의 조건과 그 구현 방안
   탐색. 한국교육개발원 연구보고, RR 96-16.

강혜정(2015).『논어』에 나타난 평생학습 실천적 의미에서의 이상적인 교사상 :
   교사의 윤리적 리더십을 바탕으로. 평생교육 · HRD연구, 11(1), 21-42.

강환국(1995). 교사교육론. 서울: 교학연구사.

경기도교육청(2014). 혁신교육, 새 길을 묻다 1. 경기도교육청 2014 전국 혁신 교육 교사대회.

경희대학교(2018). 경희대학교 교육대학원 교사리더십전공 안내. 경희대학교 교육대학원.

고전(2009). 교육전문대학원 도입 방안의 검토와 과제. 한국교원교육연구, 26(2), 345-364.

고전(2017). 한국의 지방교육자치 입법정신에 관한 교육법학적 논의. 교육법학 연구, 29(1), 1-30.

고진호(2010). 교사의 성찰과 위빠사나(Vipassna)알아차림과의 연계성 탐색. 종교교육학연구, 32, 231-247.

곽영순(2016a). 중학교 범교과 수업공동체의 특징 탐색. 교과교육학연구, 20(2), 79-86.

곽영순(2016b). 구성주의 인식론과 교수 학습론. 서울: 교육과학사.

교육부(2018a). 2018년도 교원자격검정 실무편람. 세종: 교육부.

교육부(2018b). 교육부 교육통계서비스. 세종: 교육부.

권기욱, 조남두, 유현숙, 오영재, 조남근, 최창섭, 신현석(1996). 교육행정학개론. 서울: 양서원.

권민정, 김경숙(2008). 체육교사의 동료장학에 영향을 미치는 "동료문화" 탐색. 한국스포츠교육학회지, 15(2), 113-132.

권재원(2016). 학교라는 괴물. 서울: 북멘토.

권재원(2017). 교사가 말하는 교사, 교사가 꿈꾸는 교사. 서울: 북멘토.

권형자, 정정애, 김미란, 정선영, 김숙자(2017). 생활지도 및 상담. 서울: 태영출 판사.

김갑성, 주현준(2013). 중등교원 전보제도 개선에 관한 연구: 대구광역시 사례 를 중심으로. 중등교육연구, 61(4), 841-869.

김광민(2001). 교과서 제도와 교육과정의 이상. 초등교육연구, 14(3), 67-88.

김규태(2011). 푸코 관점에서 본 교육책무성 정책에 의한 교직변화에 대한 교사 들의 인식. 한국교원교육연구, 28(4). 23-40.

김동석(2015). 사교육 수요유발 요인과 대책의 논리. 교육혁신연구, 25(3), 151-179.

김명수(2005). 교육력 제고를 위한 교원평가제 운영 방안. 교원교육, 21(3), 310-332.

참고문헌

김문희, 조미영, 김성원(2011). 초등교원 양성기관 과학교과 교육과정의 실태 및 초등 교사들의 인식연구. 교과교육학연구, 15(2), 473-492.

김민남(1995). 교사교육론의 철학. 한국교사교육, 11, 1-32.

김병찬(2001). 한국과 미국의 교사교육 프로그램 비교 연구 - 서울대학교 미시 간 주립대학 교사교육 프로그램 비교. 교육행정학연구, 19(4), 201-228.

김병찬(2005). 교시지도성에 관한 시론적 논의. 숙명리더십연구, 2, 115-146.

김병찬(2007). 교사의 지도성. 이윤식 외 공저. 교직과 교사(pp. 267-294). 서울: 학지사.

김병찬(2008a). 교사들이 원하는 교장상 탐색 연구 -저경력 중등 과학교사 사례-. 교육인류학연구, 11(2), 121-146.

김병찬(2008b). 1급정교사 자격연수제도의 명(明)과 암(暗): 1급정교사 자격연 수 과정 사례 연구. 한국교원교육연구, 25(3), 135-164.

김병찬(2008c). 사범대학 교육 경험의 의미에 관한 질적 사례 연구. 한국교원교 육연구, 25(2), 105-137.

김병찬(2013). 핀란드의 교사양성교육 프로그램의 특성. 비교교육연구, 23(1), 45-79.

김병찬(2015). 교사리더십 개념 모형 구안 연구. 한국교원교육연구, 32(1), 339- 370.

김병찬(2017a). 왜 핀란드 교육인가. 서울: 박영스토리.

김병찬(2017b). 교원양성체제 개편 방향과 과제. 한국 교원양성체제 개편 방향 과 과제. 한국교육행정학회 2017 제 2차 교육정책포럼 자료집.

김병찬, 박남기, 박선형, 변기용, 송경오, 정동욱, 최정윤(2015). 한국 교육책무성 탐구. 서울: 교육과학사.

김병찬, 윤정(2015). '창의적으로 수업하는 교사'에 대한 생애사적 사례 연구. 학 습자중심교과교육연구, 15(4), 497-530.

김병찬, 임종헌(2017). 한국 교사의 희, 노, 애, 락: 교사의 삶에 관한 일 고찰. 한 국교원교육연구, 34(4), 49-80.

김병찬, 조민지(2015). '창의적으로 수업하는 교사'의 특징은 무엇인가?: 초등학 교 A교사에 대한 생애사적 사례 연구. 교육문제연구, 28(2), 111-149.

김봉섭, 김붕년, 김의성, 김혜림, 박효정, 서미, 이영주, 이인재, 이현철, 전인식, 정시영, 조윤오, 최성보(2017). 학교폭력예방 및 학생생활의 이해. 서울: 학 지사.

김성구, 김세균(1998). 자본의 세계화와 신자유주의. 서울: 문화과학사.

김성열(2004). 교육력 강화를 위한 교육공동체의 역할과 과제. 교육이론과 실천, 13(3), 33-58.

김순남(2016). 학습공동체 학교 프로그램. 한국교육개발원 연구자료, CRM 2012-128-9.

김안중(1994). 敎師의 美德으로서의 餘暇. 교육이론, 7-8(1), 45-71.

김영길, 김태완, 김창경, 이인식, 이정모, 이종각, 전상인, 조장희, 최상덕, 박문호, 권오준, 유명만, 이인화, 이배용, 김현기, 홍영복(2011). 한국교육 미래 비전. 서울: 학지사.

김영돈(1979). 학급경영론. 서울: 교육과학사.

김영민, 문지선, 박정숙, 임길선(2010). 과학교사양성과정에 대한 심층면담을 통한 경력과학교사들과 초임과학교사들의 인식 비교. 한국과학교육학회지, 30(8), 1002-1016.

김영식, 지윤경, 김미화, 정동욱(2012). 단위학교 간 교사자원 배분과 교사 쏠림(Teacher Sorting) 현상 분석. 교육재정경제연구, 21(4), 125-153.

김영임, 허은, 양문희, 최현철(2016). 갈등과 소통. 서울: 지식의날개.

김영태(1999). 교사 지도성 탐색. 서울: 창지사.

김영천(2005). 별이 빛나는 밤: 한국 교사의 삶과 그들의 세계. 서울: 문음사.

김용일, 김재웅, 신현석, 안기성, 안선희, 윤여각, 이석열, 정재걸, 최준열(2014). 한국 교육개혁 정치학. 서울: 학지사.

김은수(2015). 독서탐구공동체 활동을 통한 어린이 철학수업이 자기존중감 및 인성교육에 미치는 효과. 도덕윤리과교육, 46, 281-307.

김은주(2017). 교사소진의 원인과 대안 모색. 교육의 이론과 실천, 22(1), 1-38.

김정원, 신철균(2014). 교사의 학생 이해 및 소통 수준 분석. 한국교원교육연구, 31(3), 129-149.

김종영(2015). 지배받는 지배자. 서울: 돌배게.

김지현, 나승일(2018). 특성화고등학교 교사의 직무소진과 개인 및 조직 변인의 위계적 관계. 농업교육과 인적자원개발, 50(1), 97-124.

김찬호, 손연일, 심선화, 우소연, 위지영, 조춘애, 최신옥, 최현미(2018). 나는 오늘도 교사이고 싶다. 서울: 푸른숲.

김창옥(2013). 소통형 인간: 흐르는 자유로움을 갈구하는 당신. 서울: 아리샘.

김철운(2012). 강요된 교육경쟁과 물화된 자기실현: 책임·배려·실천의 민주적·도덕적 학교공동체의 형성. 인문과학연구, 34, 287-313.

김태완(1991). 교육자치제도의 변천과정과 문제: 무엇을 위한 교육자치이며, 누

참고문헌

구를 위한 교육자치인가? 교육학연구, 29(1), 19-29.

김혜림, 이미자(2017). 초임교사의 자기 수업성찰 실행연구. 학습자중심교과교육연구, 17(5), 333-358.

김혜숙, 최동옥(2013). 교사를 위한 학부모상담 길잡이. 서울: 학지사.

나민주, 고전, 김병주, 김성기, 김 용, 박수정, 송기창(2018). 한국 지방교육자치론. 서울: 학지사.

나민주, 박상완, 박수정, 정재훈, 최수영, 강현, 차지철, 채민수, 박성지(2015). 지방교육 자치역량 강화방안 연구. 충북대학교 한국지방교육연구소 연구보고서.

나종민, 김천기, 권미경, 박은숙(2015). 학교폭력 승진가산점 제도의 교직사회에서의 의미. 교육사회학연구, 25(3), 31-60.

남수경(2010). 초등학교 교원의 교과서에 대한 인식과 평가. 한국교육, 37(3), 55-76.

대한성서공회(2015). 성경.

류덕엽, 최성우(2013). 적응기 초등교사의 의사소통능력과 교사효능감 간의 관계. 평생교육 · HRD연구, 9(2), 63-89.

류윤석(2009). 교사리더십 개발 전략 및 지원 과제 탐구. 교육행정학연구, 27(1), 281-301.

류태호(2017). 4차 산업혁명 교육이 희망이다. 서울: 경희대학교출판문화원.

문낙진(1993). 학교 · 학급경영의 이론과 실제. 서울: 형설출판사.

문성윤(2010). 독일과 미국의 중등교사 양성과정 비교 연구. 교육종합연구, 8(2), 158-180.

박경미(2018). 2018년 상반기 교권침해현황. 국회 교육위원회 박경미 의원실.

박길성(2008). IMF 10년, 한국사회 다시 보다. 경기: 나남.

박동준(1998). 韓國 敎師像으로서의 專門職的 선비에 관한 適合性 考察. 한국교원교육연구, 15(2), 1-23.

박미향, 이정희, 김민정, 한영진(2017). 별별 학부모 대응 레시피. 서울: 학지사.

박병기(2006). 깨달음을 향한 열망으로서의 공부(工夫)와 독서. 독서연구, 15, 335-355.

박병량(2001). 훈육: 학교훈육의 이론과 실제. 서울: 학지사.

박병량, 주철안(2006). 학교 · 학급경영. 서울: 학지사.

박상완(2000). 師範大學 敎師敎育 特性 分析 : 서울大學校 事例硏究. 서울대학교 박사학위논문.

박상완(2010). 교장공모제 시범운영 성과에 대한 비판적 분석. 한국교육, 37(2), 177-201.

박성희(2005). 꾸중을 꾸중답게 칭찬을 칭찬답게. 서울: 학지사.

박수정(2016). 교육대학원 교사양성교육의 성찰과 과제. 학습자중심교과교육연구, 16(2), 829-846.

박수정, 황은희(2011). 교장공모제 학교의 학업성취도와 특성 분석. 한국교원교육연구, 28(2), 313-340.

박연숙(2015). 인문학적 가치 탐색을 위한 어린이 철학교육. 인문과학연구, 47, 517-540.

박연호(1989). 교사와 인간관계론. 서울: 법문사.

박영숙, 신철지, 정광희(1999). 학교급별, 직급별, 취득자격별 교원 직무수행 기준에 관한 연구. 한국교육개발원 수탁연구, CR99-48.

박영숙, 고전, 김병찬, 김이경, 박남기, 박상완, 신현기, 신현석, 유형근, 이윤식, 이차영, 임승렬, 전제상, 정바울, 진동섭(2018). 한국의 교직과 교사 탐구. 서울: 학지사.

박은실(2002). 단위학교의 효율적 운영을 위한 학교 조직문화 특성에 관한 질적 탐색. 교육행정학연구, 20(2). 77-96.

박종필(2004). 학교단위책임경영제:이론과 실제. 서울: 원미사.

박진환, 윤지형, 지아, 조해수, 정의진, 정은희, 임동헌, 이형환, 이민아, 윤양수, 박지희, 김종욱, 김윤주, 김수현, 고민경, 강아지똥, 이계삼(2013). 이것은 교육이 아니다. 서울: 교육공동체 벗.

박한숙, 정태근(2017). 따뜻한 교육공동체 혁신학교를 하다 : 왜 혁신학교는 상을 주지 않는가? 경기: 교육과학사.

박호근(2005). 교원리더십 교육 프로그램 개발 및 운영사례 분석. 한국교원교육연구, 22(3), 47-73.

박흥희(2010). 학교 관리직 승진 교원들의 경력개발 성향 분석 -대전광역시 사례를 중심으로. 교육연구논총, 31(2), 1-22.

사교육걱정없는세상(2018). 수학의 발견 중1 세트 : 생각이 터지는 수학 교과서. 서울: 창비교육.

서경혜(2005). 반성적 교사교육의 허(虛)와 실(實). 한국교원교육연구, 22(3), 307-332.

서경혜(2015). 교사학습공동체. 서울: 학지사.

서용선, 김아영, 김용련, 서우철, 안선영(2016). 마을교육공동체란 무엇인가? 서

참고문헌

울: 살림터.

서울대학교 학부모정책연구센터(2014). 행복한 교육공동체를 위한 학부모교육. 서울: 교문사.

서울형혁신학교학부모네트워크(2014). 행복한 나는 혁신학교 학부모입니다. 서울: 맘에드림.

서울특별시교육청(2017). 초등 소통공감 교사리더십 직무연수. 서울특별시교육청 교육연수원.

서울특별시교육청(2018). 주요업무계획 2018. 서울특별시교육청.

서정화, 송영식(2004). 교원 다면평가제도에 관한 연구. 한국교원교육연구, 21(1), 29-51.

서정화, 서성옥, 김동희, 이수임(2002). 교장학의 이론과 실제. 서울: 교육과학사.

선태유(2016). 소통, 경청과 배려가 답이다. 서울: 북랩.

성준우, 허병기(2015). 승진가산점을 위해 벽지학교 전보를 희망하는 교사들의 교직생활에 관한 사례 연구. 교육행정학연구, 33(3), 293-321.

세종특별자치시교육청(2018). 부장교사 리더십 역량강화 직무연수. 세종특별지치시교육청 교육연구원.

송경오(2016). 교원양성기관평가의 정치학: 정부와 대학간 거시적 관계를 중심으로: 정부와 대학간 거시적 관계를 중심으로. 교육정치학연구, 23(2), 77-100.

송상호(2010). 학교시대는 끝났다. 서울: 신인문사.

송선희, 김항중, 박미진, 이현주(2017). 생활지도와 학교폭력의 이해. 서울: 학지사.

송신철, 이치하, 심규철(2014). 사범대학 과학 교사 양성 교육과정에 대한 과학 교사들의 인식 조사. 교사교육연구, 53(1), 15-27.

신경희(1999), 바람직한 보직교사의 역할과 리더십. 학교경영, 12(8). 112-115.

신은정, 김왕준(2012). 국가수준 학업성취도평가가 초등학교 학급경영에 미치는 영향. 교육문화연구, 18(1). 55-82.

신재한, 이윤성(2017). 자유학기제 운영 길라잡이: 자유학기제 연간 매뉴얼. 경기: 교육과학사.

신중식, 노종회, 김혜숙, 김홍주, 명제창, 박세훈, 송광용, 이일용(2003). 교육지도성 및 인간관계론. 서울: 하우.

신지윤, 정혜영(2017). 초등학교 교사의 1급 정교사 자격연수 경험에 대한 자기

성찰. 학습자중심교과교육연구, 17(12), 53-72.

신창호(2018). 중등교원양성을 위한 교직교육의 반성과 발전 방향에 대한 고민. 한국 교원양성교육의 미래. 고려대학교 교육대학원 50주년 기념 학술심포지엄 자료집.

신철균(2011). 연구학교 운영 과정 분석: 신제도주의 이론을 중심으로. 서울대학교 박사학위논문.

신현석(1998). 주임(보직)교사의 지위와 역할: 인사법규에 대한 해석을 중심으로. 교육법학연구, 10, 215-240.

신현석(2009). 교원양성체제의 개편 방향과 전략의 탐색. 한국교육, 36(3), 53-78.

신현석(2010). 한국의 교원정책. 서울: 학지사.

신현석(2014). 교육자치와 일반자치의 관계 분석 및 미래 방향. 교육행정학연구, 32(4), 27-59.

신희경, 김언주, 민현숙, 정찬우(2009). 학습자의 동기 유발을 위한 교육심리학. 서울: 신정.

실천교육교사모임(2017). 교사, 교육개혁을 말하다. 서울: 에듀니티.

안기성, 정재걸(1998). 한국 교육개혁의 정치학. 서울: 학지사.

안병곤, 윤강구, 김수업, 강호신, 이도수, 이영석, 곽철홍, 한인기, 강재태, 조규태(2000). 세계의 학교 교육과 교사양성교육. 서울: 교육과학사.

안병영, 하연섭(2015). 5起교육개혁 그리고 20년 : 한국교육의 패러다임 전환. 서울: 다산.

안창선(2012). 학부모 교육 참여활동. 서울: 한국학술정보.

양민석, 정동욱(2015). 교장공모제 시행 학교와 학교장의 특성 분석. 교육행정학연구, 33(1), 173-202.

양성관(2011). 중등교원 양성기관 평가의 책무성 특성 고찰. 한국교원교육연구, 28(4), 351-376.

양용칠(2011). 한국과 미국 사범대학 학과구성의 특징 비교. 교사교육연구, 50(3), 92-104.

양해민, 고재천(2016). 초등학교 담임교사가 인식한 잡무경감 저해요인 탐색. 교육발전논총, 37(2), 47-72.

엄기호(2014). 교사도 학교가 두렵다. 서울: 따비.

오세희(2013). 교육행정 지역화에 따른 시 ·도교육청의 역할 방향. 사회과학연구, 24(2), 67-88.

참고문헌

오우식(2017). 퍼실리테이션개론. 서울: 조명문화사.

오욱환(2000). 한국사회의 교육열: 기원과 심화. 서울: 교육과학사.

오찬숙(2016). 교사학습공동체 특성에 따른 공유와 정착과정 연구. 한국교원교육연구, 33(1), 297-328.

오찬호(2015). 진격의 대학교: 기업의 노예가 된 한국 대학의 자화상. 서울: 문학동네.

우한솔(2015). 사범대학 교직과목에 대한 교수와 학생 인식 비교: 교직이론 수업의 교육현장 연계를 중심으로. 교육과학연구, 46(2), 133-157.

유경훈(2014). 학교혁신 과정의 양가성(ambivalence): 혁신 학교 운영과정에 관한 문화기술적 사례연구. 경희대학교 대학원 박사학위논문.

유경훈, 김병찬(2015). 교사가 경험하는 갈등 양상과 원인에 관한 질적 사례 연구: 1급 정교사 자격연수에 참여한 중등 과학교사들을 중심으로. 교육행정학연구, 33(3), 483-512.

유정애(2000). 교사 전문성 연구. 한국스포츠교육학회지, 7(2), 41-59.

윤여봉(2017). IMF의 한국경제 보고서 : A study on the economic development of Korea from the perspective of IMF(제4권, 1991-2001). 경기: 지아이지인.

윤재홍(2012). 교육철학 및 교육사. 서울: 학지사.

윤정(2018). 학교는 어떻게 성공하는가? 경희대학교 대학원 박사학위논문.

윤정, 조민지, 유경훈, 김병찬(2017). 하늘초등학교 교사학습공동체 운영에 관한 질적 사례 연구. 한국교원교육연구, 34(2), 27-56.

윤정일, 이훈구, 주철안(2004). 교육 리더십. 서울: 교육과학사.

이가희, 양은주(2016). 교사를 위한 교육 철학적 반성의 의미와 실제. 교육철학연구, 38(1), 103-132.

이경숙(2017). 생활지도와 상담. 서울: 정민사.

이광석, 이병탁, 이미향, 박범준, 이기상, 이구슬, 이상규, 김영필, 임기대, 안효성, 이상형, 천민경, 이성우, 은재호(2016). 소통학. 서울: 대영문화사.

이남인(2017). 본능적 지향성과 가치경험의 본성. 철학사상, 63, 63-95.

이돈희(1983). 교육철학개론. 서울: 교육과학사.

이돈희(1998). 교육이 변해야 미래가 보인다. 서울: 현대문학.

이민영(2012). 학생과 함께 하는 코칭형 교사. 서울: 새문사.

이봉재, 강경석(2016). 초등학교장의 진성 리더십, 학교장-교사 교환관계, 교사의 팔로워십 및 교직헌신 간의 구조적 관계. 교육문화연구, 22(4), 349-378.

이상철, 주철안(2007). 중학교 교사의 동료교사에 대한 갈등관리 유형의 실증적 분류 및 활용경향 연구. 한국교원교육연구, 24(3), 25-50.

이성대(2015). 혁신학교, 행복한 배움을 꿈꾸다. 서울: 행복한 미래.

이소은, 전인옥, 박선희, 김희태, 김진경, 유은영(2016). 4주기 교원양성기관평가 대비 중장기 발전계획. 한국방송통신대학교 정책과제연구보고서.

이승우(2010). 국가론. 서울: 두남.

이승호, 허소윤, 박세준, 한송이(2015). 단위학교 내 학습공동체 활동이 수업혁신에 미치는 영향: 혁신학교와 일반학교의 차이를 중심으로. 한국교원교육학회 학술대회 자료집, 413-421.

이승현, 한대동(2016). 학교 내 수업연구모임 참여 경험에 대한 질적 연구. 한국교원교육연구, 33(3), 319-344.

이영만(2016). 교사의 심리적 소진 관련 변인에 대한 메타분석. 교사교육연구, 55(4), 441-459.

이인규, 유재, 권재원, 정성식, 박순걸, 이기정, 이상우, 천경호, 차승민(2017). 교사, 교육개혁을 말하다. 서울: 에듀니티.

이재용, 이종연(2015). 초등교사의 자기성찰에 대한 체험분석. 교원교육, 31(2), 219-241.

이종각(2014). 부모 학부모 교육열에 대한 새로운 생각 새로운 정책. 서울: 원미사.

이종국(2013). 한국의 교과서 평설. 서울: 일진사.

이종태(2018). 현 정권은 '교육'을 포기하고 무엇을 얻으려 하는가? '襁학년도 대입제도 개편 방안'에 대한 논평(2018. 8. 17.).

이종태, 김영화, 김정원, 류방란, 윤종혁(2000). 학교교육 위기의 실태와 원인 분석. 한국교육개발원 연구보고, RR 2000-06.

이준구(2016). 미국의 신자유주의 실험. 경기: 문우사.

이준희, 이경호(2015). 전문가 학습공동체 구현양상에 관한 질적 연구: 혁신학교를 중심으로. 교육문제연구, 28(2), 231-259.

이중현(2017). 혁신학교는 지속 가능한가. 서울: 에듀니티.

이차영(2014). 교과교육 분야 교원양성기관 평가의 실태와 과제. 교과교육학연구, 18(4), 917-940.

이차영(2016). 교육 생태계 관점에서 본 교권, 학습권, 인권의 관계. 2016 한국교원교육학회 학술대회자료집, 5, 69-135.

이찬승(2018). 현 정부의 국가 교육위원회 구상이 실패할 수밖에 없는 이유. 교육을 바꾸는 사람들 공교육 희망 논평(2018. 10. 4.).

참고문헌

이철웅(2006). 교육상담과 생활지도 연구. 경기: 교육과학사.

이해영(2014). 행정실무사와 교원의 관계에 관한 질적 사례 연구. 경희대학교 석사학위논문.

이혁규(2015). 한국의 교육 생태계. 서울: 교육공동체벗.

이호정, 김왕준(2013). 초등 혁신학교와 일반학교의 교무분장 특징과 영향. 교육연구, 27(2), 1-17.

이홍우(2008). 교육의 목적과 난점. 경기: 교육과학사.

익산교육지원청(2017). 학교혁신을 위한 익산 교사리더십 워크샵. 전북 익산교육지원청.

임연기(2009). 교원양성기관평가의 발전 방향과 과제. 한국교원교육연구, 26(2), 123-143.

임종헌, 유경훈, 김병찬(2017). 4차 산업혁명사회에서 교육의 방향과 교원의 역량에 관한 탐색적 연구. 한국교육, 44(2), 5-32.

장경원(2017). 敎育自治와 國家의 監督權. 서울법학, 24(4), 135-161.

전국교직원노동조합(2017a). 교사의 직무스트레스와 건강 실태. 여론조사보고서.

전국교직원노동조합(2017b). 제17회 전국참교육실천대회 자료집. 전국교직원노동조합.

전국교직원노동조합(2017c). 전국교직원노동조합 경남지부 설문조사. 전국교직원노동조합 경남지부.

전국교직원노동조합(2018a). 카네이션이 아니라 교사의 '기본권'과 '교육권'훼손이 문제: 5.15 '스승의 날'대신 5.10 '교육의 날'검토 필요. 전국교직원노동조합 보도자료(2018. 5. 15.).

전국교직원노동조합(2018b). 전교조 본부, 시도지부와 교과 및 분과 2018 여름 직무연수 안내. 전국교직원노동조합.

전하찬(1991). 주임교사제도 개선방안. 새교육, 1991년 11월호, 23-26.

정광희, 김병찬, 박상완, 이용관, 방희경(2007). 한국의 헌신적인 교사 특성 연구. 서울: 한국교육개발원 연구보고. RR 2007-8.

정미경, 김갑성, 류성창, 김병찬, 박상완, 문찬수(2010). 교원양성 교육과정 개선 방안 연구. 한국교육개발원 연구보고. RR 2010-11.

정미경, 김이경, 김병찬, 박상완, 전제상(2014). 창의적 학습생태계를 위한 교직 환경 조성 방안 연구. (연구보고. 82-100). 한국교육개발원.

정미경, 박상완(2016). 초·중등 교사의 융합형 교육 실천 지원을 위한 교사연수의 한계와 과제. 한국교원교육연구, 33(4), 193-222.

정병영, 이재용(2018). 승진 준비 중인 초등학교 교무부장교사의 근무 스트레스에 관한 체험분석. 한국초등교육, 29(3), 197−217.

정성식(2014). 교육과정에 돌직구를 던져라. 서울: 에듀니티.

정순관, 김선명, 하정봉(2014). 교육지원청 개편에 관한 인식조사와 역할 재정립 방안 연구. 한국거버넌스학회보, 21(3), 201−228.

정영근(2005). 독일 교원양성체제와 한국에의 시사점: 일반계 중등교원 양성을 중심으로. 비교교육연구, 15(4), 153−176.

정영근(2011). 학교교육의 핵심개념(학생 교사 학교). 서울: 문음사.

정영근, 정혜영, 이원재, 김창환(2011). 교육학적 사유를 여는 교육의 철학과 역사. 서울: 문음사.

정영수(2002). 중등교사 양성체제의 발전방향. 한국교사교육, 19(1), 63−82.

정윤경(2013). 교사교육을 위한 교육철학의 역할. 교육사상연구, 27(2), 139−157.

정은균(2017). 학교 민주주의의 불한당들: 우리는 어떤 학교에서 살아가고 있는가. 서울: 살림터.

정일환, 김병주, 구자억, 권동택, 김병찬, 김정희, 박남기, 박선형, 박희진, 신태진, 신효숙, 유성상, 윤종혁, 이병진, 이화도, 정영근, 정종진, 주경란, 최영표, 패영일, 한만길, 한용진, 한일조(2012). 비교교육학 이론과 실제. 서울: 교육과학사.

정일환, 김병한(2005). 농어촌 소규모학교 교원자격 기준 개발연구. NURI 공주대학교 사범대특성화사업단.

정종진(1991). 동기와 학습. 서울: 성원사.

정진곤(2001). 현행 교원양성의 질적 관리 체제의 문제점과 정책대안. 한국교원교육연구, 18(3), 89−111.

정진곤(2006). '이데올로기론' 적 관점에서 본 교장임용제 논쟁의 분석. 한국교원교육연구, 23(2), 209−229.

정진곤, 황규호, 조동섭, 오승현, 황영준, 신종수, 조성희(2004). 교원양성체제 개편 종합방안 연구. 교육부.

정진화(2016). 교사, 학교를 바꾸다. 서울: 살림터.

정태범, 김성열, 송광용, 전제상(1997). 학교 기능 활성화를 위한 교원 직무체계 정립 연구. 한국교총정책연구보고서, 제88집.

정태범, 노종희, 이윤식, 박종렬(1995). 학교 학급경영론. 서울: 하우.

정행남, 최병숙(2013). 동료 장학 모임에 참여한 과학교사의 경험 사례 연구. 한국과학교육학회지, 33(1), 63-78.

조규락, 이정미(2015). 수업 중에 나타나는 학생의 비언어적 의사소통 행동에 대한 교사의 경험과 감정·정서 인식. 한국교원교육연구, 32(1), 89-118.

조규태(1998). 선진국의 교사 양성 제도: 캐나다의 교사 양성 교육. 중등교육연구, 10, 5-29.

조덕주(2002). 교육과정 적용에 있어서의 지역 교육청의 역할. 초등교육연구, 15(1), 289-309.

조덕주(2016). 자기성찰을 위한 교사 공동체 안에서의 자서전 쓰기 과정에 따른 교사들의 경험. 한국교원교육연구, 33(3), 289-318.

조승관(1999). 영욕의 외길 교단에서 간계의 퇴출까지. 서울: 시대문학.

조영달(2001). 교육과정의 정치학. 서울: 교육과학사.

조윤정, 배정현(2015). 교사학습공동체 기반 연수에 관한 질적 연구: 교과연수년 직무연수 사례를 중심으로. 한국교원교육연구, 32(2), 33-65.

조용환(1999). 질적 연구: 방법과 사례. 서울: 교육과학사.

조석훈, 김용(2007). 학교와 교육법. 서울: 교육과학사.

조희연(2016). 일등주의 교육을 넘어: 혁신미래교육의 철학과 정책. 경기: 한울.

좋은교사운동(2018). 교육을 새롭게 하는 예수. 2018 좋은교사운동 기독교사대회 자료집.

좋은교사운동(2019a). 초등교과서의 검정 체제 전환을 환영한다. 좋은교사운동 보도자료(2019. 1. 7.).

좋은교사운동(2019b). 2019 전문모임 자율연수. 좋은교사운동.

주창범, 강소량(2012). 교장공모제도 운영현황 및 정책성과 분석. 한국정책과학학회보, 16(3), 215-236.

진교훈, 강미정, 박병기, 김연숙, 금교영, 이을상, 김종헌, 최성식, 이경원, 장승구, 김성동, 이인재(2003). 인간과 현대적 삶. 서울: 철학과현실사.

차성현, 이재덕(2015). 학교운영 방식에 대한 교장-교사간 인식 차이에 영향을 미치는 학교특성 탐색. 한국교원교육연구, 32(2), 205-226.

참교육을위한전국학부모회(2018). 대학입시제도는 학교교육의 정상화와 입시경쟁 해소의 방향으로 가야한다. 보도자료(2018. 8. 8.).

최상덕, 서영인, 최영섭, 이상은, 김경은, 김기헌, 임종헌, 이옥화(2014). 미래 인재 양성을 위한 핵심역량 교육 및 혁신적 학습생태계 구축. 한국교육개발원 연구보고. RR 2014-16.

최우용(2016). 지방교육자치에 관한 중앙정부와 지방정부의 권한 분쟁과 갈등

해소 방안에 관한 연구. 지방지치법연구, 16(1), 147-178.

최운실(2004). 대학원 수준의 교원양성체제. 한국교원교육학회 2014춘계학술대회 자료집, 95-117.

최의창(2018). 우리의 "교과교사"준비는 잘 되고 있는가?: 중등 교과교원 교육의 국내 현황, 문제점 및 개선 방안 탐색. 한국 교원양성교육의 미래. 고려대학교 교육대학원 50주년 기념 학술심포지엄 자료집.

최정희(2004). 교사의 변환적 지도력과 학생의 수업 참여의 관계. 이화여자대학교 박사학위논문.

최태욱, 백낙청, 유종일, 이근(2009). 신자유주의 대안론 : 신자유주의 혹은 시장만능주의 넘어서기. 경기: 창비.

최현석(2014). 인간의 모든 동기. 서울: 서해문집.

평등교육실현을위한전국학부모회(2018). 청와대, 전교조 법외노조 직권취소 불가방침 즉각 철회하라. 보도자료(2018. 6. 25.).

표시열(2010). 지방교육자치의 기본가치와 주요쟁점. 교육법학연구, 22(1), 145-167.

하승수(2003). 교사의 권리 학생의 인권. 서울: 사계절.

한국교원단체총연합회(2016). 제35회 스승의 날 기념 교원 인식 설문조사. 한국교원단체총연합회.

한국교원단체총연합회(2018a). 교육부의 '민주시민교육 활성화 종합계획'에 대한 교총 입장. 한국교원단체총연합회 보도자료(2018. 12. 13.).

한국교원단체총연합회(2018b). 원격교육연수원 연수안내. 한국교원단체총연합회.

한국교원단체총연합회(2018c). 2018 동계 교원직무연수. 한국교원단체총연합회.

한국교원단체총연합회(2018d). 2017년도 교권회복 및 교직상담 활동실적 보고서. 한국교원단체총연합회.

한대동, 김대현, 김정섭, 안경식, 유순화(2009). 배움과 돌봄의 학교공동체. 서울: 학지사.

한상선(2010). 국가. 경기: 집문당.

한숭희(2001). 평생학습과 학습생태계. 서울: 학지사.

한영진(2014). 통통 튀는 학부모와 당황한 교사. 서울: 학지사.

한유경, 임현식, 김병찬, 김성기, 정제영, 이희숙, 임소현, 김은영, 윤수경, 이윤희, 김화영, 김경애, 정현주(2018). 교육행정 및 교육경영. 서울: 학지사.

한희정(2015). 혁신학교 효과. 서울: 맘에드림.

허난설(2015). 근거 이론을 활용한 초등교사 소진 및 대처 과정에 대한 연구. 한국교원교육연구, 32(4), 73-101.

허병기(2003). 교육조직의 리더십: 교육력과 인간화를 지향하여. 교육행정학연구, 21(1), 95-122.

허숙(2000). 교사교육 개혁에 관한 비교연구. 초등교육연구, 13(2), 53-66.

홍기칠(2012). 교육방법 및 교육공학. 경기: 공동체.

홍성연(2012). 교직과정 예비교원양성을 위한 학습자 지원 체제. 교육문제연구, 45, 1-30.

홍창남, 이쌍철, 곽경련, 조성구(2009). 초등학교의 공문서 처리 실태 분석, 교육행정학연구, 27(4), 277-301.

황기우(2000). 동양의 師道에 나타난 교사상의 탐구. 교육문제연구, 13, 121-131.

황기우(2008). 학교개혁을 위한 교사 리더십의 연구. 교육문제연구, 31, 23-47.

安藤知子(2004). 教職１０年経歴者に求められるリーダーシップ. 北神政行 (編), リーダーシップ研修, 東京: 教育開発研究所.

Acemoglu, D., & Robinson, J. A.(2012). *Why nations fail : the origins of power, prosperity and poverty.* New York: Crown Publishers.

Andrew, M. D. (1974). *Teacher leadership : A model for change.* Bulletin 37, Washington DC: Association of Teacher Education.

Bass, B. M. (1985). *Leadership and performance Beyond Expectations.* N. Y.: Free Press.

Bennis, W., & Nanus, B.(1985). *Leaders: The strategies for taking charge.* New York: Harper & Row.

Berliner, D. C.(1984). The half-full glass: A review of the research on teaching. In P. Hosford (Ed.), *Using what we know about teaching.* Alexandria, VA: Association for Supervision and Curriculum Development.

Boles, K. C., & Troen, K.(1992). *School restructuring by teachers: A study of the teaching project at the Edward Devoyion School.* paper presented at the Annual Meeting of the AERA. San Francisco, April 1992.

Bolman, L. G., & Deal, T. E. (1992). *Reflaming organization: Artistry, choice, and leadership*. San Francisco: Jossey-Bass.

Bond, N. (Ed.)(2015). *The power of teacher leadership*. New York: Routledge.

Brandt, R. (1992). On rethinking leadership: A conversation with Tom Sergiovanni. *Educational Leadership, 49*(5), 46−49.

Brooks, J. G., & Brooks, M. G. (1993). *In search of understanding: The case for constructivist classroon*. Virginia: ASCD.

Brown, C. J., & Rojan, A. (2002). *Teacher leadership project 2002: Evaluation report. Bill and Melicda Gates Foundation*. Northwest Educational Service District 189. WA.

Carnegie Task Force on Teaching as a profession. (1986). *A Nation Prepared: Teacher for the Twenty-first Century*. NY: Canegie Forum on Education and the Economy.

Cohen, D., March, J., & Olsen, J. (1972). A garbage can model of organizational choice. *Administrative Science Quarterly, 17*. 1−12.

Concordia University. (2017). *Master of arts program − MA in teacher leader*. Chicago.

Cusack, B. O. (1993). Political engagement in the restructured school: The New Zealand experience. *Educational Management and Administration, 21*(2). 107−114.

Dacidson, B. M., & Dell, G. L. (2003). *A school restructuring model: A tool kit for building teacher leadership*. paper presented at the Annual Meeting of the AERA. Chicago, April 2003.

Danielson, C. (2006). *Teacher Leadership: that strengths professional practice*. Alexandria, VA: ASCD.

Davidson, B. M., & Dell, G. L. (2003). *A school restructuring model: A tool kit for building teacher leadership*. paper presented at the Annual Meeting of the AERA. Chicago, April 2003.

Day, C., & Harris, A. (2003). Teacher leadership, reflective practice and school improvement in K. Leithwood & P. Hallinger (Eds.), *Second *international handbook of educational leadership and administration.* Dordrecht: Kluwer Academic.

Duke, D. L. (1996). Perception, prescription and the future of school leadership. In K. Leithwood et al. (Ed.), *The international handbook of educational leadership and admimistration.* Boston: Kluwer Academic Publishers. 841−872.

Dunlap, D. M., & Goldman, P. (1991). Rethinking power in schools. *Edcational Administration Quarterly, 27*(1), 5−29.

Fay, C. (1992). Empowerment through leadership: In the teachers' voice. In C. Livingston (Ed.), *Teachers as leaders: Evolving roles.* Washington, DC: National Education Association. 57−90.

Fenwick, W. E. (2005). *The SAGE handbook of educational leadership.* London: SAGE Publications.

Fosnot, C. T. (1996a). *Constructivism : theory, perspectives, and practice.* New York: Teachers College Press.

Fosnot, C. T. (1996b). Teachers construct constructivism: the center for constructivist teaching/teacher preparation project. In C. T. Fosnot (Ed.), *Constructivism: theory, perspectives, and practice.* NY: Teachers College Press. pp. 103−119.

Foster, W. (1986). *The Effective executive.* N.Y.: Harper Collins.

Frost, D., & Durrant, J. (2002). Teachers as leaders: exploring the impact of teacher-led development work. *School Leadership & Management, 22*(2), 143−161.

Frost, D., & Durrant, J. (2003). *Teacher led development work: Guidance and support.* London: David Fulton Press.

Fuhrman, S. H., & Elmore, R. F. (Eds.)(2004). *Redesigning accountability systems for education.* New York: Teachers college press.

Fullan, M. (2005). *Leadership and sustainability: System thinkers in action.* Thousand Oaks. CA: Corwin Press.

Gronn, P. (2000). Distributed properties: A new architecture for leadership. *Educational Management & Administration, 28*(3), 317−338.

Hallinger, P., & Heck, R. (1996). Reassessing the principal's role in school effectiveness: A critical review of empirical research 1980−1995.

참고문헌

Educational Administration Quarterly, 32(1), 5−44.

Hargreaves, A. (1994). *Changing teachers, changing times: teachers'work and culture in the post modern age.* New York: Teachers College Press.

Hargreaves, A. (2003). *Teaching in the knowledge society: Education in the age of insecurity.* New York: Teachers College Press, Columbia University.

Hargreaves, A. (2008). The fourth way of change: Towards an age of inspiration and sustainability. In A. Hargreaves & M. Fullan (Eds.), *Change wars.* Toronto: Solution Tree. pp. 11−44.

Hargreaves, A., & Fullan, M. (Eds.)(2008). *Change wars.* Toronto: Solution Tree.

Hargreaves, A., & Fullan, M. (2012). *Professional capital.* New York: Teachers College Press, Columbia University.

Harris, A. (2002). Effective leadership in schools facing challenging contexts. paper presented at the Annual Meeting of the AERA, New orleans, April 2002.

Harris, A. (2003). Teacher leadership as distributed leadership: Heresy, fantasy or possibility? *School leadership & Management, 23*(3), 323−324.

Harris, A., & Muijs, D. (2005). *Improving schools through teacher leadership.* London: Open University Press.

Holmes Group. (1990). *Tomorrow's schools: A Report of the Holmes Group.* East Lansing, Mich.: Holmes Group.

Holmes Group. (1995). *Tomorrow's schools of education: A Report of the Holmes Group.* East Lansing, Mich.: Holmes Group.

Howey, K. R. (1988). Why teacher leadership? *Journal of Teacher Education, 39*(1), 28−31.

Irwin, C. C. (1985). *What research tells the teacher about instructional leadership.* Paper presented at the annual meeting of the national association of secondary school principals. 69th New Orleans.

Johnson, B. L. (1998). Organizing for collaboration: A reconsideration of some basic organizing principles. In D. G. Pounder (Ed.),

Restructuring schools for collaboration: Promises and pitfalls. Albany: State University of New York Press. pp. 9−25.

Katzenmeyer, M., & Moller, G.(1995). *Awakening the sleeping giant*. Helping teachers develop as leaders. CA: Corwin Press.

Katzenmeyer, M., & Moller, G.(2001). *Awakening the sleeping giant*(2nd ed.). Thousand Oaks: Corwin Press.

Katzenmeyer, M., & Moller, G.(2009). *Awakening the sleeping giant*(3rd ed.). Thousand Oaks: Corwin Press.

Kaufman, R. A.(1995). *Mapping educational success: Strategic thinking and planning for school administrators*. Thousand Oaks, CA: Corwin Press.

Kindred, L. W., Bagin, D., & Callagher, D. R.(1976). *The school and community relations*. Englewood Cliffs. New Jersey: Prentice Hall.

Kogan, M.(1986). *Educational accountability*. London: Heinenmann.

Kouzes, J., & Posner, B.(Eds.)(2010). *The leadership challenge activities book*. San Francisco, CA: Wiley.

Lambert, L.(1995). *The Constructivist leadership*. N.Y.: Teachers College Press.

Lambert, L.(1998). *Building leadership capacity in schools*. Alexandria, VA: Association for Supervision and Curriculum Development.

Lambert, M. D., & Gardner, M. E.(1995). The school district as interdependent learning community. In L. Lambert (Ed.), *The Constructivist Leadership*. N.Y.: Teachers College Press. pp. 134−158.

Larochelle, M., Bednarz, N., & Garrison, J.(1998). *Constructivism and education*. Cambridge: Cambridge University Press.

Leithwood, K.(1994). Leadership for school restructuring. *Educational Administration Quarterly*, *30*(4), 498−518.

Levinson, M.(2011). Democracy, accountability, and education. *Theory and Research in Education*, *9*(2), 125−144.

Lieberman, A., & Miller, L.(2004). *Teacher leadership*. New Jersey: John Wiley & Sons, Inc.

Lieberman, J. M.(2002). *Promoting teacher leadership in urban schools*.

참고문헌

paper presented at the Annual Meeting of the AACYE. New York. 2002.

Lipham, J. (1964). Leadership and administration. In D. E. Griffiths (Ed.), *Behavioral science and educaional administration.* Chicago: University of Chicago press.

Lortie, D. (2002). *School teacher* (2nd ed.). Chicago: University of Chicago Press.

Loughran, J., & Hamilton, M. (2016). *International handbook of teacher education.* Volume 1. Singapore: Springer.

Manz, C. C. (1983). *The art of self-leadership: Strategies for personal effectiveness in your life ans work.* Englewood Cliffs, NJ: Prentice-Hall.

Manz, C. C., & Neck, C. P. (2003). *Mastering self-leadership: Empowering yourself for personal excellence.* Upper Saddle River, NJ: Prentice-Hall.

Manz, C. C., & Sims, H. P. (1991). Super-leadership: Beyond the myth of heroic leadership. *Organizational Dynamics, 19*(4), 18−35.

McKinsey & Company. (2010). *Closing the talent gap: Attracting and retaining top-third graduates to careers in teaching.* Author.

Muijs, D., & Harris, A. (2002). *Teacher leadership: principles and practice.* GTC and NUT websites, www.gtc.org.uk, www.nut.org.uk

Murphy, J. (2005). *Connecting teacher leadership and school improvement.* Thousand Oaks, California: Corwin Press.

Murphy, J., & Louis, K. S. (Eds.) (1999). *Handbook of research on educational administration* (2nd ed.). San Francisco: Jossey-Bass Publishers.

Neave, G. (1985). Accountability in Education, In T. Husen & N.T. Postlethwaith (Eds.), *The international encyclopedia of education* (pp. 19−29). Vol. 1., New York: Pergamon Press.

OECD. (2008). *Trends shaping education.* Paris: OECD.

OECD. (2014). *TALIS 2013 Result: An international Perspective on Teaching and learning.* Paris: OECD.

OECD. (2017). *Education at a glance 2017.* OECD Indicators. Paris: OECD.

OFSTED. (2000). *Improving city schools.* London: Office for Standards in Education.

Orland-Barak, L., & Craig, C. (2015). *International Teacher Education: Promising Pedagogies.* Bingley: Emerald.

Pearce, C., & Conger, J. (2003). *Shared leadership : reframing the hows and whys of leadership.* Thousand Oaks, Calif: Sage Publications.

Podsakoff, P. M., Todor, W. D., & Skov, R. (1982). Effects of leader performance contingent and non-contingent reward and punishment behaviors on subordinate performance andsatisfaction. *Academy of Management Journal, 25,* 812−821.

Sahlberg, P. (2010). Rethinking accountability in a knowledge society. *Journal of Educational Change, 11,* 45−61.

Sahlberg, P. (2011). *Finnish lessons.* New York: Teachers College Press, Columbia University.

Sarason, S. (1990). *The unpredictable failure of educational reform: Can we change the course before it's too late?* San Francisco: Jossey-Bass.

Schlechty, P. (1997). *Inventing better school.* San Francisco: Jossey-Bass.

Schwab, K. (2016). *The fourth industrial revolution.* Colony, Geneva: World Economic Forum.

Schön, D. A. (1983). *The reflective practitioner: How practitioners think in action.* London: Temple Smith.

Scott, J. C. (1998). *Seeing like a state : how certain schemes to improve the human condition have failed.* New Haven: Yale University Press.

Sergiovanni, T. J. (1984). *Practices in Today's Secondary Schools.* Boston: Allyn & Bacon.

Sergiovanni, T. J. (1994a). Organizations or community?: Changing the metaphor changes the theory. *Educational Adminstration Quarterly, 30*(2), 1−12.

Sergiovanni, T. J. (1994b). *Building community in schools.* CA: Jossey-Bass.

Sergiovanni, T. J. (2001a). *The principalship: A reflective practice perspective.* Boston: Allyn and Bacon.

Sergiovanni, T. J. (2001b). *Leadership: What's in it for schools?* London: Routledge Falmer.

참고문헌

Sergiovanni, T. J. (2006). *The principalship : a reflective practice perspective*(5th ed.). Boston: Pearson/Allyn and Bacon.

Shah, S. (2006). Educational leadership: an Islamic perspective. *British Educational Research Journal, 32*(3), 363−385.

Sharan, S., & Chin Tan, I. (2008). *Organizing schools for productive learning.* New York: Springer.

Simkins, T. (2005). Leadership in Education: What works or What makes sense? *Educational Management Administration and Leadership, 38*(1), 9−26.

Sleeter, C. E. (Ed.)(2007). *Facing accountability in education.* New York and London: Teachers college, Columbia University.

Smylie, M. A. (1995). New perspectives on teacher leadership. *The Elementary School Journal, 96*(1), 3−7.

Smylie, M. A., & Denny, J. W. (1990). Teacher leadership: tensions and ambiguities in organizational perspective. *Educational Administration Quarterly, 26*(3), 235−259.

Southworth, G. (2002). Think piece from NSCL. *Times Educational Supplement, 6*, December.

Stogdill, R. M. (1974). *Handbook of Leadership: A Survey of Theory and Research.* N.Y. : The Free Press.

Stoll, L., Bolam, R., McMahon, A., Wallace, M., & Thomas, S. (2006). Professional learning communities: A review of the literature. *Journal of educational change, 7*(4), 221−258.

Suranna, K. J., & Moss, D. M. (2002). *Exploring teacher leadership in the context of teacher preparation.* paper presented at the Annual Meeting of the AERA. New Orleans, April 2002. ERIC ED 465751.

Tan, O., Liu, W., & Low, E. (2017). *Teacher education in the 21st century: Singapore's evolution and innovation.* Singapore: Springer.

Terrey, J. N. (1986). *Leadership can create excellence.* Paper presented at the Annual National Convention.

Terry, P. T. (1979). The English in management. *Management Today, 1*(11), 90−97.

Tichy, N. M., & Devanna, M. A. (1986). *Transformational leader.* New York:

Wiley.

Wagner, R. B. (1989). *Accountability in education: A philosophical inquiry*. New York: Routledge.

Wasley, P. A. (1991). *Teachers who lead: The rhetoric of reform and the realities of practice*. N. Y.: Teachers College Press.

Whitaker, T. (1995). Informed teacher leadership-the key to successful change in the middle level school. *NASSP Bulletin, 79*, 76–81.

Whitty, G. (2002). *Making sense of education policy : studies in the sociology and politics of education*. London: Paul Chapman.

Zaleznik, A. (1977). Managers and leaders: Are they different? *Harvard Business Review, 55*, 1–12.

경기일보. 2012. 9. 5
경향신문. 2008. 12. 11./2017. 2. 3.
한겨레신문. 1999. 7. 16./2008. 12. 11.

교실밖 교사커뮤니티(2019). 교사연수 프로그램. http://eduict.org/_new3/
네이버사전. https://dict.naver.com/
온라인교사연수 티처빌(2019). 교사연수 프로그램. www.teacherville.co.kr

✿ 찾아보기

267

찾아보기

찾아보기

● 저자 소개

김병찬(Kim Byeonchan)

전북 임실 출생(1966)

서울대학교 윤리교육과 학사(1991)

서울대학교 대학원 교육학과 교육행정전공 석사(1995)

서울대학교 대학원 교육학과 교육행정전공 박사(2002)

남서울중학교 및 서울시내 중등학교 교사(1991~2002)

중등교원 임용고사 출제위원(2006)

대통령자문교육혁신위원회 비상임전문위원(2007)

한국교원교육학회 학술위원장(2013)

한국교육행정학회 편집위원장(2018~2019)

현 경희대학교 교육대학원 교수(2004~)

경희대학교 교육대학원 원장(2018~)

〈주요 저서〉

한국의 교직과 교사 탐구(공저, 학지사, 2018)

학교컨설팅의 이론과 실제(공저, 학지사, 2017)

왜 핀란드교육인가(박영스토리, 2017)

잘 가르치는 대학의 특징과 성공 요인(공저, 학지사, 2015)

한국 교육책무성 탐구(공저, 교육과학사, 2014)

〈주요 논문〉

4차 산업혁명사회에서 교육의 방향과 교원의 역량에 관한 탐색적 연구(공동, 한국교육, 2017)

한국 교육행정에서 '양가성(ambivalence)' 현상의 탐색과 의미(교육행정학연구, 2017)

핀란드 교육개혁의 특징 분석(한국교육학연구, 2017)

'학교혁신'에 참여하게 된 교사들의 갈등 경험에 관한 연구(공동, 교육행정학연구, 2016)

교사리더십 개념 모형 구안 연구(한국교원교육연구, 2015)

교육대학원 교육행정전공 운영 현황 분석 연구(교육행정학연구, 2015)

핀란드의 교사양성교육 프로그램의 특성(비교교육연구, 2013)

왜 교사리더십인가
Why Teacher Leadership

2019년 9월 1일 1판 1쇄 발행
2021년 9월 15일 1판 3쇄 발행

지은이 • 김 병 찬
펴낸이 • 김 진 환
펴낸곳 • ㈜ **학지사**

　　　　04031 서울특별시 마포구 양화로 15길 20 마인드월드빌딩 5층

대표전화 • 02) 330-5114　　　팩스 • 02) 324-2345

등록번호 • 제313-2006-000265호

홈페이지 • http://www.hakjisa.co.kr
페이스북 • https://www.facebook.com/hakjisabook

ISBN 978-89-997-1879-3 93370

정가 **13,000**원

이 도서의 국립중앙도서관 출판시도서목록(CIP)은 서지정보유통지원시스템 홈페이지
(http://seoji.nl.go.kr)와 국가자료공동목록시스템(http://www.nl.kr/kolisnet)에서 이용하실
수 있습니다.
(CIP제어번호: CIP2019029878)

출판 • 교육 • 미디어기업 **학지사**

간호보건의학출판 **학지사메디컬** www.hakjisamd.co.kr
심리검사연구소 **인싸이트** www.inpsyt.co.kr
학술논문서비스 **뉴논문** www.newnonmun.com
원격교육연수원 **카운피아** www.counpia.com